Rüdiger Götte

Finanzgenie oder Bankrotteur
– wie psychische Effekte an der Börse wirken

Das 1x1 der Behavioral Finance

Coverbild: www.pixelquelle.de

Rüdiger Götte

FINANZGENIE ODER BANKROTTEUR – WIE PSYCHISCHE EFFEKTE AN DER BÖRSE WIRKEN

Das 1x1 der Behavioral Finance

ibidem-Verlag
Stuttgart

Bibliografische Information Der Deutschen Bibliothek

Die Deutsche Bibliothek verzeichnet diese Publikation in der Deutschen Nationalbibliografie; detaillierte bibliografische Daten sind im Internet über <http://dnb.ddb.de> abrufbar.

∞

Gedruckt auf alterungsbeständigem, säurefreien Papier
Printed on acid-free paper

ISBN: 3-89821-559-8

Printed in Germany

Vorwort

Viele Anleger sind sich bei ihren Investitionen an der Börse leider nicht bewusst, dass ihr Handeln durch ihre Psyche beeinflusst wird. Dies gilt besonders in der letzten Phase einer Hausse oder in einer Baisse. Welchem Anleger kommt die Geschichte meines Freundes Peter nicht bekannt vor?

In der letzten großen Spekulationsphase im Jahr 2000 erfasste Peter die damalige Euphorie – er tätigte quasi ein erfolgreiches Geschäft nach dem anderen. Dadurch fühlte er sich nahezu unbezwingbar. Doch es kam wie es kommen musste: Auf die Hochphase folgte der Abschwung an den Börsen. Zuerst reagierte Peter auf die Kursschwäche noch besonnen. Er wollte seine Aktien nicht überstürzt verkaufen, sondern von einem kurzfristigen Börsentief profitieren. So investierte er seine gesamten Ersparnisse in Aktien. Doch die Aktienkurse fielen weiter. So regten sich bei meinem Freund langsam Zweifel, die schnell in Verzweiflung umschlugen, als sein Vermögen immer kleiner wurde. Er erkannte, dass er nicht mehr Herr der Lage war und verfiel in Panik. Jetzt handelte er nach dem Motto: »*Nichts wie weg mit den Aktien. Verkaufen um jeden Preis, auch mit Verlust.*«

Danach fühlte sich Peter erleichtert. „Ich habe wohl noch einen Dummen gefunden, der diesen Schrott gekauft hat“, dachte er sich. Doch plötzlich stiegen die Aktienkurse im Jahr 2003 wieder kräftig an. Zuerst zweifelte Peter noch an der Dauerhaftigkeit der Kurssteigerungen. Aber die Kurse gingen weiter in die Höhe. Peter wurde wieder zuversichtlicher und er begann, Aktien auf sehr hohem Niveau zu kaufen. Als die getätigten Geschäfte erfolgreich waren, wurde Peter gierig. Er investierte wieder alles in Aktien, und so schloss sich mit seiner neuerlichen Euphorie der Teufelkreis.

Über die alte Börsenweisheit »*Dein Geld ist nicht verloren – es hat jetzt nur ein anderer*« konnte mein Freund Peter verständlicherweise nicht lachen, als er schlussendlich alles verloren hatte. Also fragte er mich, wie es dazu kommen konnte.

Bei meinen Nachforschungen stieß ich auf das Buch von José de la Vega »Die Verwirrung der Verwirrungen«, das er vor gut 300 Jahren in Amsterdam geschrieben hat. Vega erkannte schon damals: »*Die Börsengewinne sind Koboldschätze. Bald sind sie Karfunkelsteine, bald Kohlen, bald Diamanten, bald Kiesel, bald Morgentau, bald Tränen.*« Sie sehen also, die Wechselwirkung von Börse und Psychologie ist so alt, wie die Börse selbst. Nicht umsonst stellten schon viele Investoren fest: In der Euphorie schießen die Aktienkurse weit über jedes rational zu begründende Ziel hinaus und bei vorherrschender Panikstimmung fallen dieselben Aktien ebenfalls ohne logischen Grund ins Bodenlose.

Aus dieser Erkenntnis entstanden im Laufe der Börsengeschichte eine Vielzahl von Weisheiten, wie »*Buy low, sell high*«, »*Versuch nie, ein fallendes Messer zu fangen*«, »*Gewinne laufen lassen*«, »*Haussen sterben in der Euphorie*«, »*Verkaufe, wenn die Glocken klingeln*« oder »*Die Börse ist keine Einbahnstraße*«. Man könnte noch lange nach ähnlichen Börsenweisheiten suchen, doch leider widersprechen sich diese doch häufig. Welcher Weisheit soll man als Anleger folgen? Wann erfolgt ein Paradigmenwechsel? Da jede Börsenweisheit sich aus einer Beobachtung an den Börsen ableitet, hat jede ihre Berechtigung! Die Frage ist nur, zu welchem Zeitpunkt.

Die Antwort bietet die Behavioral Finance. Sie versucht, solch interessante Fragen zu beantworten wie:

- Welche psychischen Gesetze gelten in welcher Marktphase?
- Wann verstärken sich die Verhaltensmuster der Anleger (Beginn eines Booms oder Crashs an der Börse)?
- Wann gleichen sich die Verhaltensmuster der Anleger wieder aus (Übergang zu einer ruhigen Marktphase nach einem Boom oder Crash)?

Mit Beantwortung dieser Fragen wird dieses Buch dazu beitragen, meinem Freund Peter (und natürlich auch Ihnen) das »Warum« für sein Scheitern an der Börse zu erklären. Er ist nämlich Opfer seiner eigenen Psyche geworden. Ich hoffe, dass sie beim Lesen viele Anregungen für sich selbst entdecken können und danach, getreu dem Motto »*Gefahr erkannt, Gefahr gebannt*!«, den psychischen Mechanismen gewahr, sicherer an der Börse spekulieren können.

Für die freundliche Unterstützung bei dieser Arbeit möchte ich Diplom-Ingenieur Hans-Jürgen Götte danken.

Inhaltsverzeichnis

Abbildungsverzeichnis

Tabellenverzeichnis

1. Einleitung

Anleger sind schon eigenartige Wesen: Wenn die Aktienkurse steigen, setzt der Verstand aus und die Urtriebe erwachen. Oft wird dann das halbe oder sogar das ganze Vermögen in wenige Aktien investiert und von Reichtum und Luxus geträumt. Fallen dagegen die Kurse, starren die Anleger fassungslos auf ihr kollabierendes Depot oder schlagen wild um sich. Wiederum ist ihr Verhalten emotionsgesteuert: Angst, Hoffnung und Panik sind nun die Ratgeber.

Amerikanische Wissenschaftler haben errechnet, dass nur 20 Prozent der Kurssteigerungen von 1990 bis 2000 auf höhere Unternehmensgewinne zurückzuführen sind. Der Rest der Kursperformance wurde durch das Verhalten der Anleger – und damit durch deren Psyche – ausgelöst.

Überdies denken viele Anleger, Erfolg an den Aktienmärkten habe etwas mit einer geheimen Formel zu tun hat, die den Weg zu Glück und Reichtum weise. Doch leider gibt es eine solche Formel nicht.

Sie sehen also, Spekulationen sind vor allem Psychologie. Deshalb versuchen Behavioristen die Psyche der Investoren zu ergründen. Schließlich gilt: »*Um das Geld zu meistern, muss man zunächst sich selbst meistern.*«

Jack Schwager[1] untersuchte beispielsweise das Verhalten von Top-Tradern. Deren Antwort auf die Frage „Wie wird man erfolgreich an der Börse?" ist scheinbar verblüffend einfach: Geduld, eiserne Disziplin sowie die psychische Verfassung des Anlegers sind demnach entscheidend für erfolgreiche Investments. Ferner sagten die Top-Trader übereinstimmend aus, dass ein Anleger bereit sein muss, an sich zu arbeiten. Damit ist gemeint, dass der Anleger lernen muss, seine persönlichen Probleme nicht auf die Aktienmärkte zu übertragen. Damit Ihnen das nicht passiert, möchte ich Ihnen viele solcher psychologischen Fallen aufzeigen.

Doch beginnen möchte ich mit einem Einblick in das Verhalten der Menschen an der Börse. Hierzu dient die Entscheidungstheorie als Einstiegshilfe. Darauf folgend werden wir uns ansehen, welche Gruppen von Menschen an der Börse aus welchem Grund handeln.

---

1 Schwager, Jack: Magier der Märkte. FinanzBuch Verlag. 2004

Im nächsten Abschnitt werden die psychologischen Basiseffekte erläutert. Einige Stichwörter hierzu sind Persönlichkeitsstruktur, Gedächtnis und Erwartungen.

Danach werden diese Effekte im Zusammenhang mit der konkreten ökonomischen Handelsweise eines Anlegers an der Börse besprochen. Hier kommen Phänomene wie: die Gewinn- und Verlustwahrnehmung, das Risikoverhalten, das Kauf- und Verkaufsverhalten oder die Überreaktion zur Diskussion.

Wie ein roter Faden zieht sich die Veränderlichkeit des Aktienmarktes durch das Buch. So gibt es neben den auf- und abwärts gerichteten Phasen auch trendlose, seitwärts gerichtete Phasen. Für alle diese Phasen sind bestimmte Verhaltensweisen der Anleger typisch. Im Boom und Crash bündeln sich mächtige psychologische Effekte und schaukeln sich gegenseitig auf. Dagegen wirken in der übrigen Zeit eher schwache psychische Effekte, die sich zudem ausgleichen. Darum werden im sechsten Abschnitt genau die Charakteristika dieser Marktphasen beschrieben. Nur mit Kenntnis dieser Charakteristika kann ein Anleger hoffen, nicht in die psychologischen Fallen an der Börse zu tappen – und kein Geld zu verlieren. Zum Abschluss werden viele nützliche Tipps gegeben, die davor schützen sollen, den beschriebenen psychologischen Effekten zu erliegen.

2. Wie werden Entscheidungen getroffen?

Lohnt sich die Beschäftigung mit Behavioral Finance aus ökonomischer Sicht überhaupt? Diese Frage wird von einem Großteil der Wirtschaftswissenschaftler grundsätzlich verneint. Sie argumentieren, dass die Entscheidungspsychologie eigentlich nur beschreibenden Charakter hat und weniger Entscheidungshilfen liefert. Doch schon Pythagoras sagte: »*Die kürzesten Wörter, nämlich ja und nein, erfordern das meiste Nachdenken.*« Darum sollten wir zunächst einen tieferen Einblick in die Theorie werfen und uns erst später unsere eigene Meinung bilden.

2.1. Wie werden Entscheidungen nach der klassischen Finanztheorie getroffen?

Die klassische Finanztheorie geht von einem Idealbild eines durch und durch rational denkenden und handelnden Anlegers aus – nennen wir ihn Mr. Cool.

Was genau steckt jedoch hinter diesem Rationalitätsansatz? Im ökonomischen Kontext betrachtet geht Rationalität unmittelbar einher mit einem ganz bestimmten Prinzip der Bewertung, und zwar mit der Maximierung des »Erwartungsnutzens«.

Mr. Cool ermittelt für jede Alternative eines Problems den zu erwartenden Nutzen und wählt die Alternative, die ihm demnach den höchsten Nutzen verspricht[2]. Der Mathematiker Bernoulli drückt dies mithilfe des Bernoulli-Prinzip folgendermaßen aus: »*Jeder Mensch versucht, bei seinen wirtschaftlichen Entscheidungen den erwarteten Nutzen zu maximieren.*«

Ist das Streben nach dem höchsten Nutzen jedoch alles, was Mr. Cool auszeichnet? Nein, denn zu einer absoluten Rationalität gehören noch weitere Bedingungen. Beispielsweise zeigt Mr. Cool ein großes Interesse an allen verfügbaren Informationen, um zu einer fundierten Entscheidung zu kommen. Die vielen Informationen sind unabdingbar, um verlässlich die Wahrscheinlichkeiten für den finanziellen Erfolg einer Investition ermitteln zu können. Dabei könnte schon ein einziger vernachlässigter Aspekt den späteren Nutzen deutlich reduzieren. Mr. Cool – das Ideal eines Anlegers – blockt also keine Informationen ab und nimmt alles unverzerrt und vollständig auf. Er verdrängt keine Neuigkeiten, die seine bisherigen Entscheidungen in Frage stellen würden. Stattdessen verarbeitet Mr. Cool die eingehenden Informationen ähnlich wie ein leistungsfähiger Computer, d. h. sorgfältig und logisch.

Genau in der gleichen kühlen und sorgfältigen Weise nimmt er natürlich auch die Bewertungen der Informationen vor. Dabei ist ihm klar, dass das Handeln von Menschen von Motiven geleitet wird, die sich nur psychologisch erklären lassen und somit dem reinen ökonomischen Handeln widersprechen. Mr. Cool hingegen lässt sich – wie schon erwähnt – nicht von Gefühlen wie Freude, Gier, Angst, Panik oder dem Wunsch nach Selbstbestätigung oder Kontrolle leiten.

Ob Anleger sich aber tatsächlich wie Mr. Cool verhalten, darf bezweifelt werden. Deshalb berücksichtigt auch die klassische Finanztheorie einige weitere Aspekte. Um das Verhalten der Anleger an den Börsen besser beschreiben zu können, wurde die klassische Finanztheorie in zwei Teilgebiete aufgeteilt: die Theorie der rationalen Erwartungen und die These der Informationseffizienz der Kapitalmärkte.

Die Theorie der rationalen Erwartungen geht auf den Wissenschaftler Muth zurück und unterstellt, dass alle Marktteilnehmer ihre Erwartungen so bilden und umsetzen, dass dann auch tatsächlich die Kurse zustande kommen, die sie erwartet haben. Ist dies nicht der Fall, passen sie demnach ihr Entscheidungsmodell so lange an, bis ihre Erwartungen erfüllt werden – wobei davon ausgegangen wird, dass die Anpassungen der Anleger selbst zu den entsprechenden Kursveränderungen führen. Durch dieses Lernverhalten können die Marktteilnehmer ihre Ergebnisse systematisch verbessern, bis sie das optimale Anlagemodell für sich gefunden haben.

Auf dieser Theorie aufbauend entwickelte der Ökonom Fama die These der Informationseffizienz[3]. Nach dieser Theorie schlagen sich alle öffentlich verfügbaren Informationen, die die Wertpapierkurse beeinflussen können, tatsächlich unmittelbar auf die Kurse nieder. Folglich bilden sich die Kurse, ohne dass der Anleger Informatio-

---

2 Dies wird auch als Risiko-Nutzen-Theorie bezeichnet.

3 Nach neueren Forschungsergebnissen unterscheidet man drei Grade der Informationseffizienz. Bei einer schwachen Informationseffizienz sind sämtliche Informationen über vergangene Preisänderungen in die Preise eingegangen. Mit Chart Reading und anderen technische Analysen kann man bei einem solchen Markt keine Hinweise auf die zukünftige Kursentwicklung finden. Herrscht dagegen eine mittlere Informationseffizienz vor, so enthalten die Kurse alle bereits publizierten Informationen. Man sagt: »*Die Märkte haben immer recht.*« In dieser Phase können mit fundamentaler, gesamt- oder einzelwirtschaftlicher Analyse keine Überrenditen erzielt werden. Die Kurse auf Märkten mit starker Informationseffizienz spiegeln alle – auch die unveröffentlich-

nen wirklich ausnutzen könnte. Insofern können lediglich unvorhersehbare Ereignisse zu unerwarteten Kursänderungen führen, die jedoch aufgrund des Überraschungseffekts nicht ausnutzbar sind. Da die Ereignisse sowohl eine positive wie auch eine negative Wirkung haben können und zudem zufällig sind, liegt ihr Erwartungswert bei Null. Deshalb sind Renditesteigerungen auf informationseffizienten Kapitalmärkten nur möglich, wenn man zugleich ein höheres Risiko eingeht. Denkt man das Modell der Informationseffizienz konsequent zu Ende, so ist das Suchen nach der »optimalen Aktie« oder der »unübertreffbaren Anleihe« demnach sinnlos.

Folgt man diesem Modell, kann man ungeachtet der täglichen Schwankungen seines Vermögens beruhigt sein, denn man kann ohnehin nichts anderes tun, als sein Portfolio möglichst gut zu diversifizieren und still zu halten – denn nach der These der Informationseffizienz sind die Aktienkurse zu jeder Zeit fair gepreist. Dann gilt die Formel: »*Keiner kann den Markt schlagen – also auch ich nicht.*« Da eine allzu feine Stückelung der Anlagebeträge jedoch mit hohen Transaktionskosten verbunden ist, raten viele Börsenexperten Privatinvestoren zum Kauf eines Fonds, der den Marktindex nachbildet.

Anhänger der Informationseffizienz-Theorie sind zugleich Verfechter der berühmten »*Hold and buy Strategien*«, die – auf den Punkt gebracht – folgendermaßen lauten: »*Kaufen Sie sich sichere Aktien (von größeren Unternehmen wie Siemens), an die Sie glauben, und nehmen Sie sich eine Schlaftablette für die nächsten 10 Jahre!*«

Nach diesen Ausführungen wird klar, dass man statt der eingangs gestellten Frage „Lohnt sich die Beschäftigung mit der Entscheidungspsychologie aus ökonomischer Sicht?" auch Folgende stellen könnte „Lohnt sich die Beschäftigung mit der klassischen Finanztheorie?"

Denn betrachtet man die Grundannahmen der klassischen Finanztheorie, wie den unterstellten Egoismus der Menschen, realistisch, wird deutlich, dass sie eben nicht uneingeschränkt gültig sind. Die Frage ist doch: Sind wirklich alle Menschen Egoisten, die nur das Ziel verfolgen, ihren eigenen Nutzen zu mehren? Kooperative Verhaltensweisen sind ja durchaus weit verbreitet und führen meistens zu besseren Ergebnissen – auch in der Finanzwelt. Egoistisches Verhalten ist also nicht unbedingt die Norm.

---

ten – Informationen wider. In diesen Fall versprechen selbst Insiderinformationen keine Überrenditen mehr.

Aber auch die Anhänger der klassischen Finanztheorie sind sich bewusst, dass die Handlungen der meisten Menschen von Irrationalitäten bestimmt sind. Deshalb wird von einigen Experten gefordert, dass Rationalverhalten nur für die Gesamtebene angenommen werden soll. Sie nehmen an, dass irrational handelnde Marktteilnehmer durch den Wettbewerb aus dem Markt gedrängt werden. Sie verlören durch Fehlinvestitionen allmählich die Kaufkraft für neue Investitionen. Nach einiger Zeit seien die uninformierten Marktteilnehmer verschwunden – entweder weil sie aufgeben mussten oder weil sie aus ihren Fehlern gelernt haben und so zu informierten Marktteilnehmern geworden sind. Damit würden die Irrationalitäten verschwinden.

Doch zeigen viele Testergebnisse der letzten zwanzig Jahre, dass die starken monetären Anreize der Finanzmärkte die Marktteilnehmer nicht zu rein rationalem Handeln bringen konnten – vielmehr wenden sehr viele Marktteilnehmer weiterhin Kooperationsstrategien an. Deshalb gibt es auf der Makroebene einige relativ stabile Anomalien, wie zum Beispiel den Kalendereffekt an den Börsen. Auch Marketingexperten beobachten schon seit Jahrzehnten irrationale Verhaltensweisen von Verbrauchern, die in so genannten Preisschwellen abgebildet werden.

Irrationalitäten heben sich also nicht, wie von den Vertretern der klassischen Finanztheorie angenommen, auf der Gesamtmarktebene auf. Gerade in kritischen Börsensituationen verstärken sich Irrationalitäten sogar noch. Vor allem in solchen Phasen sind individualpsychologische und insbesondere gruppendynamische Zwänge so stark, dass selbst die »alten Hasen« an der Börse irrational handeln. Ein Beispiel dafür ist der Spruch »*Only the Sky is the Limit!*«, den man in einer Hausse häufig hört. Zusätzlich neigt das Informationsangebot in Übertreibungsphasen an der Börse (also in Boom- oder Crashzeiten) zur Clusterbildung und die Informationsverarbeitung wird deutlich verzerrt.

Allerdings muss man der klassischen Finanztheorie zugestehen, dass sie durchaus Erfolge aufzuweisen hat. Viele wissenschaftliche Untersuchungen zeigen aber, dass sich diese hauptsächlich auf die ruhigen Marktphasen konzentrieren, in denen die unterstellten Zusammenhänge, also das rationale Verhalten der Anleger, auch tatsächlich annähernd zutreffen. In turbulenten Marktphasen sind die Annahmen der klassischen Finanztheorie wie beschrieben unrealistisch.

Letztendlich liefern die Börsen selbst den Beweis für die Unzulänglichkeiten der klassischen Finanztheorie. Seit Mitte der 1990er Jahre haben sich die Aktienkurse weit von ihren Fundamentalwerten entfernt. Die meisten führenden Aktienmärkte

(Dow Jones, S&P500, DAX) erreichten in dieser Zeit ein Kurs/Gewinnverhältnis, das fast doppelt so hoch war, wie in der spekulativen Blase der zwanziger Jahre die in den Börsencrash von 1929 endete. Im März 2000 platzte dann auch die Blase der 1990er Jahre. Nach dem dramatischen Kursanstieg folgten ebenso dramatische Kursrückgänge mit Kursverlusten von über 70 % bis ins Jahr 2002. Diese extremen Kursbewegungen haben noch einmal deutlich gemacht, dass mit der Rationalitätshypothese der traditionellen Ökonomie dem Aktienmarkt nicht beizukommen ist.

Damit wird deutlich, dass irrationale Faktoren wie Gier und Euphorie, Panik und Hoffnung verstanden werden müssen, um sich für die kommenden Marktphasen zu rüsten.

Das Versagen der traditionellen Finanzlehre hat die Behavioral Finance auf den Plan gerufen, die versucht, eine wissenschaftliche Analyse des irrationalen Verhaltens an der Börse zu liefern. Um diese Theorie verstehen zu können, werfen wir zunächst einen Blick auf die Annahmen der Behavioral Finance.

2.2. Wie werden Entscheidungen aus Sicht der Behavioral Finance getroffen?

Die Behavioral Finance geht, im Gegensatz zum Mr. Cool der klassischen Finanztheorie, von einem Mr. Emotion aus. Bei Mr. Emotion handelt es sich um einen Anleger, der aufgrund psychischer und mentaler Beschränkungen nur eingeschränkt rational handelt.

Außerdem unterlaufen Mr. Emotion durch seine begrenzten Verarbeitungskapazitäten immer wieder Fehler bei der Beurteilung und Weiterverarbeitung von Informationen. Mr. Emotion ist auch kein (Gewinn-)Maximierer, sondern eher ein Satisfizier, d. h., er sucht unter den vorhandenen Alternativen nach einer hinreichenden akzeptablen Lösung.

Handlungsmotiv von Mr. Emotion ist nicht nur die monetäre Gewinnerzielung, sondern auch das Bedürfnis nach Kommunikation und Unterhaltung. Auch Neid und ähnliche Gefühle bestimmen seine Handlungen. Solche Motive führen zu anderen Verhaltensweisen der Anleger, als sie die klassische Theorie erwartet.

Schon Goethe sagte, »*erst in der Beschränkung zeigt sich der Meister*«. Deshalb werde ich an dieser Stelle noch nicht auf die Entscheidungsirrationalitäten eingehen. Schließlich beschäftigen sich die folgenden Kapitel in aller Ausführlichkeit mit diesen Effekten. Vielmehr sollten wir unsere Aufmerksamkeit zuerst folgender Frage zuwenden: Warum soll ich mich als Anleger überhaupt mit der Behavioral Finance befassen?

2.3. Warum sollte sich der Anleger mit der Behavioral Finance befassen?

Zur Beantwortung dieser Frage sollte man zunächst die Annahmen der Behavioral Finance und der klassischen Finance gegenüberstellen. Schließlich gilt in der Ökonomie: »*Ohne Annahmen wären viele volkswirtschaftliche Theorien Schall und Rauch.*« Annahmen beschreiben die ökonomischen Rahmenbedingungen, in denen sich Investoren bewegen. Im nächsten Schritt werden wir uns dann kritisch mit den Annahmen beider Theorien auseinandersetzen.

Tabelle 1: Wesentliche Unterschiede zwischen der klassischen Kapitalmarkttheorie und der Behavioral Finance

Klassische Kapitalmarkttheorie	Kriterien	Behavioral Finance
Rationales Verhalten, entsprechend dem Bernoulli-Prinzip	Rationalitätskonzept	Menschen mit unvollständigen Informationsaufnahme- und Verarbeitungskapazitäten. Irrationales Verhalten, individuell und kollektiv, beeinflusst durch soziale Interaktion
Vollkommene Informationen (vollständig, korrekt, kostenlos und zeitgleich)	Informationsverhalten	Unvollkommene Informationen (unvollständig, fehlerbehaftet, kostenpflichtig, mit time lag)
„As-if„-Betrachtung für die Marktebene: Gesamtmarkt ist im Ergebnis rational, Irrationalitäten Einzelner werden eliminiert.	Marktebene	Irrationalitäten auch im Aggregat, Verstärkung individueller Verhaltensmuster möglich (Infektion, Imitation)

In der herkömmlichen Finanztheorie herrscht, wie schon erläutert, eher ein traditionelles Bild des »Homo oeconomicus«[4] vor, also eines streng rationalen Individuums, das vollständig über alles informiert ist und das aus den ihm zur Verfügung stehenden

---

[4] Den Unterschied zwischen dem »Homo oeconomicus« und dem »Homo psychologicus« möchte ich anhand eines Beispiels erläutern, der Suche nach einem Restaurant in einer fremden Stadt. Der »Homo oeconomicus« verfügt über alle Informationen (oder kann sie sich beschaffen) und findet so immer das für ihn optimale Restaurant. Dagegen verwendet der »Homo psychologicus« Daumenregeln (Wenn die Toilette sauber ist, ist auch das Restaurant gut) und findet so nur ein einigermaßen gutes Restaurant.

Anlagealternativen blitzschnell die beste herausfindet. Demgegenüber geht die Behavioral Finance von einem anderen Menschenbild aus, bei dem sich die Anleger nur eingeschränkt rational verhalten. Außerdem sind für die Behavioral Finance lediglich die Abweichungen vom rein rationalen Verhaltensmuster von Interesse, deren Wirkungen nicht durch rationales oder gegenläufiges Verhalten anderer Anleger ausgeglichen werden können.

Da solche Verhaltensmuster und deren Auswirkungen auf die Aktienmärkte nicht ausgeglichen werden können, kehren sie nach Auffassung der Behavioral Finance immer wieder und lassen sich somit im begrenzten Umfang auch prognostizieren. Die Prognosen der Behavioral Finance, die die systematischen Verzerrungen im Verhalten der Anleger berücksichtigen, können Rückschlüsse auf die Marktentwicklung ermöglichen, die von den Vorhersagen der klassischen Finanzierungstheorie abweichen. Die Kritik der Behavioral Finance an der herkömmlichen »streng rationalen« Finanzlehre lässt sich am besten mit den Worten ihres Hauptvertreters Richard Thaler zusammenfassen: »*If most individuals tend to err in the same direction, then a theory which assumes that they are rational also makes mistakes in predicting their behaviour.*«

Ein immer wieder vorgebrachter Einwand gegen die Relevanz des psychologisch erklärbaren Fehlverhaltens von Anlegern ist, dass gut geschulte, professionelle Anleger, die über sehr viel Kapital entscheiden, jegliche Abweichung der Kurse von der rationalen Bewertung sofort bereinigen. Demzufolge leben die Profis von den Verhaltensanomalien der Laien. Anders ausgedrückt: Im evolutionären Wettbewerb an den Aktienmärkten werden die irrationalen Anleger von den rationalen Anlegern aus dem Markt gedrängt. Dieser Einwand lässt sich am eindrucksvollsten mit dem sogenannten Classroom Experiment entkräftigen.

„Die Zuhörer werden gebeten, eine Zahl zwischen 0 und 100 zu wählen. Es gewinnt derjenige, der am nächsten an 2/3 der durchschnittlichen Zahl liegt. Falls es also zum Beispiel insgesamt 5 Zuhörer gibt und diese die Zahlen 10, 20, 30, 40, 50 wählen, so ist die durchschnittliche Zahl 30. Es gewinnt dann derjenige, der 20 gewählt hat.
Jeder Spieler hat einen Anreiz, die durchschnittliche Zahl der anderen Spieler zu unterbieten, sodass die rationale Lösung dieses Spiels ist, dass jeder Zuhörer die Zahl 0 wählt. Bei den meisten Durchführungen dieses Spiels gewinnt man jedoch mit einer Zahl in der Nähe

von 17. Es gewinnt derjenige, der die Grössenordnung der Fehler der anderen Spieler am besten einschätzen kann."[5]

Desweiteren können selbst institutionelle Anleger mit sehr guter Kenntnis der klassischen Finanztheorie die Rationalität des Marktes nicht immer richtig einschätzen. Deshalb stellt die Irrationalität vieler Anleger für den rationalen Anleger ein Risiko dar. Der Zusammenbruch des Long Term Capital Management (LTCM) Hedgefonds ist dafür ein besonders schönes Beispiel:

„Meriwether, der Pionier der Fixed Income Arbitrage, sowie die Nobelpreisträger Merton und Scholes haben Anfang der 90er Jahre den Long Term Capital Management (LTCM) Hedgefund gegründet. Die anfangs sehr erfolgreiche Idee des Fonds war, Abweichungen des Marktes von der berühmten Black und Scholes-Formel zur arbitragefreien Bewertung von Derivaten auszunutzen. LTCM erwirtschaftete von 1994-1997 folgende atemberaubenden Renditen:

1994	1995	1996	1997
19.9 %	42.8 %	40.8 %	17.1 %

Hierdurch stieg das Fondsvermögen auf insgesamt 7 Mrd. US$. Im Jahre 1998 jedoch reduzierte es sich plötzlich bis auf 4 Mrd. US$. Was war schief gelaufen? Vieles! Unter anderem die folgende Strategie: Das Unternehmen Royal Dutch/Shell ist organisatorisch in zwei Tochtergesellschaften gegliedert: Royal Dutch Petroleum (RDP) und Shell Transport and Trading (STT). Der Gewinn des Unternehmens wird im Verhältnis 60:40 auf die beiden Töchter aufgeteilt. Während RDP an der London Stock Exchange gehandelt wird, ist STT an der FTSE in New York gelistet. Die rationale Bewertung der Aktien beider Töchterunternehmen muss der 60:40 Parität entsprechen. Jedoch wurde immer schon RDP mit einem 17 % Abschlag zu dieser Parität gehandelt. LTCM hat nun einige Mrd. US$ darauf gesetzt, dass langfristig die 60:40 Parität gilt. Leider wich der Markt aber immer weiter von der rationalen Bewertung ab. Das Versagen der LTCM-Strategie ist ein schönes Beispiel für John Maynard Keynes These: ‚Markets can remain irrational, longer than you can remain solvent.'
Selbst wenn die professionellen Anleger die korrekte rationale Bewertung von Aktien kennen, ist dieses Wissen nicht von Nutzen, wenn man nicht darauf vertrauen kann, dass der Markt rational ist. Die Marktpsychologie gibt gute Gründe dafür, dass der Markt nicht so rational ist, wie das traditionelle Finance geglaubt hat. Der Einwand, dass gut geschulte professionelle Anleger diese Marktanomalien beseitigen, verkehrt sich also letztlich in sein Gegenteil: Es kann rational sein, sich ebenso irrational wie der Markt zu verhalten."[6]

Doch um die Psychologie der Märkte in den Griff zu bekommen, ist es wichtig zu wissen, welche Anlegergruppen überhaupt an der Börse agieren und welche Intention sie haben.

---

[5] Hens, Torsten: Behavioral Finance. Die neue Sicht auf die Finanzmärkte. S. 8; http://www.iew.unizh.ch/grp/hens/papers/vonGraffenried.pdf

3. Anlegergruppen

Jeder Anleger unterscheidet sich hinsichtlich seiner Einstellungen, seiner Mittel und der auf ihn wirkenden Rahmenbedingungen, und es kommt durchaus vor, dass wenig rationale Verhaltensweisen in kritischen Situationen die Märkte bestimmen. Um das Verhalten der Anleger zu verstehen, ist es zunächst wichtig zu wissen, welche Anlegergruppen am Aktienmarkt agieren. Verschiedene Anlegergruppen unterliegen nämlich auch unterschiedlichen psychischen Effekten.

3.1. Anlegergruppen

Die Anlegerschaft an der Börse ist nicht so homogen, wie die klassische Wirtschaftslehre annimmt. Vielmehr wird der Aktienmarkt durch mehrere große Anlegergruppen bestimmt, wobei jede Anlegergruppe ihre spezifischen wirtschaftlichen Interessen hat. Bei den institutionellen Anlegern generieren häufig organisatorische Besonderheiten, die Entwicklungsgeschichte und die Mitarbeiter einen spezifischen Gruppenkonsens. Viele Gruppen wichtiger Marktteilnehmer (z. B. Fonds) disponieren lediglich stellvertretend für die eigentlichen Investoren. Ein solcher Disponent kennt die individuellen Gegebenheiten der eigentlichen Anleger zumeist nicht. Demzufolge wird er das Vermögen völlig anders verwalten, als es der Eigentümer selbst tun würde.

Auch die Kontrolle der Marktteilnehmer ist höchst unterschiedlich. Während bei den Privatanlegern allenfalls die Familie die Investitionen überwachen, unterliegen institutionelle Anleger mehr oder weniger kurzfristigen Überwachungsmechanismen, wie beispielsweise vierteljährliche oder monatliche Berichterstattung an die Anteilseigner. Schon diese verschiedenen Zeiträume, nach denen ein Investment beurteilt wird, führen zu Verhaltensdifferenzen.

Zusätzlich steht für jede Anlegergruppe ein anderer Aspekt der Performancc im Mittelpunkt, das Anlageergebnis wird auf unterschiedliche Weise bewertet. Das individuelle Anlageziel des Anlegers bestimmt, ob Alternativinvestments getätigt oder eventuelle steuerliche Vorteile berücksichtigt werden, die sich aus der Anlage ergeben können. Darum versteht jede Anlegergruppe etwas anderes unter dem Wort »Anlage-

---

[6] ebd. S. 9

erfolg«. Martin Keppler drückte dies mit den Worten: »*Wer am wenigsten verliert, wird am meisten gewinnen*« aus.

3.1.1. Privatanleger

Privatanleger unterscheiden sich in vielerlei Hinsicht von den professionellen Anlegern. Für kleine Privatanleger ist die gesonderte Betrachtung jedes Einzelinvestments typisch. Ihr Betrachtungszeitraum variiert dabei je nach der geplanten Dauer des Investments, dem Anlagehorizont. Größere Privatanleger betrachten dagegen eher ihr Gesamtinvestment, sie denken aber nicht wie institutionelle Anleger in regelmäßig wiederkehrenden, relativ kurzen Referenzzeiträumen. Ihr Anlagezyklus reicht bis zu dem Zeitpunkt, an dem sie größere Teile ihres Vermögens benötigen.

Der bedeutendste Unterschied in der Performancerechnung zwischen Privatanlegern und professionellen Investoren betrifft die Behandlung der Steuern. Privatanleger berücksichtigen beim Ergebnis ihrer Anlage die anfallenden Steuern. Sie stellen also eine höchst individuelle Rechnung auf. Eine besondere Rolle spielen dabei der persönliche Einkommenssteuersatz und attraktive steuerliche Ausnahmeregelungen. Privatinvestoren beachten bei der Performanceberechnung u.a. die Höhe der Quellensteuer in unterschiedlichen Ländern, deren Anrechenbarkeit im eigenen Land sowie die steuerliche Behandlung der Spekulationsgewinne bzw. -verluste. Steuerliche Aspekte einer Kapitalanlage werden durch viele Privatinvestoren emotional beurteilt. Gerade bei wohlhabenden Anlegern dominiert vielfach das Gefühl, Steuern auf Einnahmen aus Anlagevermögen seien eine »Frechheit«, man hört sogar häufig »*Steuern erheben heißt, die Gans so zu rupfen, dass man möglichst viele Federn mit möglichst wenig Gezische bekommt*«. Darum sind Steuerflucht und Steueroasen bei wohlhabenden Anlegern trotz aller Bemühungen des Fiskus nach wie vor Themen.

Gerade die geringere Erfahrung und die fehlende Reflexion kleinerer Privatanleger macht sie besonders anfällig für typische psychologische Effekte. Aber auch die großen Privatanleger sind davor nicht gefeit. So zögert diese Anlegergruppe vielfach zu lange, einen Titel zu verkaufen (siehe dazu auch den Endowment-Effekt, S. 102 ff.). Außerdem neigen Privatanleger dazu, so weit auseinander liegende Kauf- und Verkaufspreise zu bilden, dass sich nur wenige klare Signale ergeben. Damit lassen sie wichtige Entscheidungszeitpunkte ungenutzt verstreichen. Privatanleger tendieren dazu, Verlustengagements lange durchzuhalten, in der Hoffnung, dass diese doch noch in die Gewinnzone kommen. Das gilt umso mehr, je höher die Einstiegspreise lagen (siehe dazu auch den Sunk-Cost-Effect, S. 133 ff.).

3.1.2. Professionelle Anleger

3.1.2.1. Vermögensverwalter

Vermögensverwalter legen die Gelder ihrer Kunden an, ohne dass die Kapitalanlage selbst einen besonderen rechtlichen Rahmen hat. Die verwalteten Depots laufen auf den Namen des Kundens. Derartige Depots haben in der Regel eine Mindestgröße von 100.000 Euro. Aufgrund der recht niedrigen Verwaltungsgebühren nehmen die Vermögensverwalter möglichst viele Depots unter Vertrag. Darum können sie nur bei größeren Depots individuelle steuerliche Verhältnisse der Anleger berücksichtigen. Hierbei gibt es lediglich eine Ausnahme: die Spekulationssteuerfrist. Darüber hinaus berücksichtigen Vermögensverwalter oftmals, inwieweit für Wertpapiererträge steuerliche Freibeträge genutzt werden können.

Neben einer regelmäßigen, meist quartalsweisen, Rechnungslegung findet mindestens einmal im Jahr mit jedem der betreuten Investoren ein Gespräch statt. Hierbei muss der Vermögensverwalter die gewünschten Rahmenbedingungen für das jeweilige Investment herausfinden. Solche Rahmenbedingungen können der gewünschte Anlagehorizont oder die Cash-Flow-Planung des Anlegers sein. Zu diesen objektiven Bedingungen treten oftmals auch subjektive Vorgaben des Kundens. Das können ethische Vorgaben sein – bestimmte Anlegergruppen legen zum Beispiel Wert auf nachhaltige Investments, d.h. die Unterstützung von Umwelttechnologien oder die Beachtung bestimmter Sozial-Standards durch die Unternehmen. Des weiteren haben viele Investoren auch bestimmte Vorstellungen zur Gewichtung einzelner Assetklassen. Die Risikopräzisierung ist deshalb eine der wichtigsten Aufgaben eines Anlagegespräches zwischen Vermögensverwalter und Kunde. Sie ist eng mit der Ertragsvorstellung und dem Zeitraum ihrer Realisierung verknüpft. Daneben korrelieren die Risikopräferenzen der Anleger in der Praxis eng mit ihren Vorstellungen über die Drehgeschwindigkeit ihres Depots, also wie häufig die Depotbestände umgeschichtet werden sollten.

Der Markt für Vermögensverwaltungen ist jedoch im Umbruch. So weist er zusammen mit dem übrigen Private Banking ein überaus starkes Wachstum auf. Gleichzeitig locken die bisher hohen Gewinne immer mehr Konkurrenten an, so dass die Margen voraussichtlich sinken werden.

Deshalb kommt es derzeit bei einer deutlichen Tendenz zur Internationalisierung zu einer beispiellosen Fusionswelle unter den Vermögensverwaltern. Diese ist darauf ausgerichtet, möglichst schnell die Kostendegression größerer Einheiten zu nutzen. Die individuelle Betreuung vermögender Privatkunden erfordert in diesem Umfeld eine genaue Präzisierung der Anlagepolitik sowie die Vorgabe klarer Anlagestrategien durch die Kunden. Ein weiterer Trend ist, dass große Vermögensverwalter eine Vielzahl von genau definierten, zentral gemanagten Musterportfolios anbieten, aus denen sich die Kunden nach ihren objektiven und subjektiven Vorgaben das passende Portfolio aussuchen können.

3.1.2.2. Investmentgesellschaften

Investment- oder Kapitalanlagegesellschaften legen die Mittel der Kunden in einem getrennten Vermögensbestand (»Sondervermögen«) aus Wertpapieren, Immobilien oder Beteiligungen an, der für die Verbindlichkeiten der Investmentgesellschaft selbst im Konkursfall nicht haftet. Dieses Sondervermögen wird auch »Fonds« genannt. Ein Hauptvorteil von Fonds ist die Möglichkeit, kleine Vermögen breit zu streuen.

Investmentfonds können aber auch mit den Mitteln eines einzigen Großanlegers ins Leben gerufen werden. Viele Versicherungen, Industrieunternehmen und Pensionsfonds gründen solche Spezialfonds, um relativ risikoreiche Anlagen ohne die bilanziellen Zwänge eines Direktinvestments tätigen zu können. Zu den möglichen bilanziellen Zwängen, die durch die Gründung eines Fonds ausgelöst werden können, gehört der Wegfall des Niederstwertprinzips, dem ansonsten jedes einzelne Wertpapier unterworfen werden muss. Dagegen sind Anteile von Spezialfonds insgesamt zu ihrem (historischen) Inventarwert zu aktivieren. Abschreibungen fallen also für den Investor nur an, wenn am Bilanzstichtag der gesamte Wert des Spezialfonds unter diesen Wert fällt. Durch reine Umschichtungen innerhalb des Fonds wird der Buchwert der Fondsanteile nicht berührt.

Zudem ist besonders für die institutionellen Anleger Diversifikation grundlegend. Schließlich gilt auch für sie der Börsenspruch: »*Der einzige Investor, der nicht diversifizieren sollte, ist derjenige, der immer 100 % richtig liegt!*« Und ein Spezialfonds bildet durch seine Vielzahl von unterschiedlichen Aktien die beste Möglichkeit zur Diversifikation – und somit einen gewissen Schutz gegenüber Kurseinbrüchen.

Zusätzlich bietet ein Spezialfonds durch seine Streuung bereits in seinen ersten Jahren einen gewissen Schutz vor Abschreibungszwang. Das ist für große institutionelle Anleger der Hauptgrund, solche Fonds einzurichten. Darüberhinaus ist es auch für institutionelle Investoren sinnvoll, die Marktkenntnisse und das Geschick eines professionellen Fondsmanagements zu nutzen, um zusätzliche Erträge zu generieren.

Für Spezialfonds sind vierteljährliche Anlageausschusssitzungen mit dem Investor und dem Fondsmanagement üblich. Trotz aller angestrebten Professionalität unterliegen diese Sitzungen gruppendynamischen Prozessen. Dabei spielt die Berechnung der Performance eine wichtige Rolle. Sie wird immer relativ zu einer Benchmark (Aktien- oder Rentenindex) ausgewiesen. Einige Fonds berücksichtigen darüberhinaus die eingegangenen Risiken. In einem weiteren Schritt werden die Transaktions- und Verwaltungskosten eingerechnet.

Während die Benchmark bei Spezialfonds passgenau zum angestrebten Investment konstruiert wird, wird die Wertentwicklung von Publikumsfonds meist mit der eines großen Indices verglichen, in Deutschland etwa dem REX bei Renten oder dem DAX bei Aktien. Wenn ein Fonds aber neben deutschen auch ausländische Renten oder neben Standardwerten auch Titel der zweiten Reihe umfasst, so wird das von den Anlegern zumeist nicht berücksichtigt. Publikumsfonds werden aber nicht nur mit der Entwicklung großer Indizes verglichen, sondern auch mit der Wertentwicklung der Fondsanteile der anderen Fondsgesellschaften. Solche Rankinglisten werden monatlich erstellt. Dabei berücksichtigen die meisten Rankinglisten weder die eingegangenen Risiken noch die angefallenen Kosten, wie zum Beispiel den Ausgabeaufschlag.

Erschwerend kommt bei offenen Wertpapierfonds hinzu, dass die Performanceentwicklung durch den Börsenzyklus regelmäßig empfindlich gestört wird. Das liegt daran, dass das Vermögen eines offenen Fonds durch den Kauf und Verkauf von Fondsanteilen durch das Publikum variiert. Nachteil ist, dass die Zuflüsse nach längeren Hausseperioden stark ansteigen und die Fondsmanager dann zu hohen Kursen immer weitere Käufe tätigen müssen. Umgekehrt häufen sich nach deutlichen Kursrückgängen die Rückgaben und zwingen die Fondsmanager zu Wertpapierverkäufen bei niedrigen Kursen. Die Fondsmanager müsssen also vielfach prozyklisch investieren. Das ist insbesondere dann ein Problem, wenn es zu einem Aktiencrash kommt. Dann müssen die Fondsmanager aufgrund der erhöhten Abflüsse zu einem ungünstigen Moment Wertpapiere verkaufen. Dadurch kann der Abwärtstrends noch verstärkt werden. In einer solchen Situation bildet die Performance eines offenen Fonds das Können ihrer Manager nicht mehr ab.

3.1.2.3. Versicherungen

Die deutschen Lebensversicherungen zeichnet eine Besonderheit aus, die ihre Anlagepolitik deutlich beeinflusst: Während angelsächsische Lebensversicherungen je nach Anlageerfolg schwankende Ausschüttungen vornehmen, sichern deutsche Lebensversicherer eine bestimmte Mindestverzinsung fest zu. Die Versicherungsbeiträge werden rechnerisch in je einen Kosten-, Risiko- und Sparanteil aufgespalten. Für den Sparanteil sagt der Versicherer bei Vertragsabschluss die Verzinsung mit einem Rechnungszins von zur Zeit 2,75 % für die gesamte Vertragsdauer rechtlich verbindlich zu. Diese Verzinsung wird sowohl für die Leistung am Ende der Laufzeit als auch bei vorzeitiger Kündigung garantiert.

Zusätzlich werden die Beiträge für Kosten und Sterblichkeitsrisiken relativ großzügig kalkuliert. Da sie zum überwiegenden Teil nicht sofort anfallen, tragen diese Beiträge zunächst ebenfalls Zinsen. Die Lebensversicherer können daher an die Policeninhaber jährlich Überschussanteile ausschütten, die sich derzeit, zusammen mit dem Garantiezins, auf ca. 5 % summieren. Die Überschussbeteiligung wird von jeder Gesellschaft im Herbst neu bekannt gegeben und ist für das Folgejahr verbindlich.

Die zugesicherte und in der Vergangenheit erreichte Verzinsung ist eines der wichtigsten Verkaufsargumente für eine Lebensversicherung. Die meisten Versicherungen richten ihre Kapitalanlagepolitik deshalb im Wesentlichen auf die Erwirtschaftung der Überschussbeteiligungen aus. Schon in der Vergangenheit war ein Durchschnittszins von 5 % schwer erreichbar. In solchen Zeiten spielt die gezielte Aufdeckung stiller Reserven im Beteiligungs-, Aktien- und Immobilienvermögen der Versicherungen eine wichtige Rolle, um die Überschussbeteiligungen möglichst attraktiv zu halten.

Der Zwang, Jahr für Jahr eine relativ hohe Verzinsungszusage machen zu müssen, führt zu einer typischen Anlagepolitik deutscher Lebensversicherer. Dabei machen inländische Renten, Immobilien und Darlehen den größten Teil der Kapitalanlagen aus. Durch geschickte Variationen des Neugeschäfts im Kurs-, Preis- und Zinszyklus und durch zusätzliche Maßnahmen wie die Diversifizierung unsystematischer Risiken soll die Verzinsung erhöht werden. Risikoreichere Anlagen wie Aktien, Fremdwährungsanleihen und Derivate werden zumeist nicht getätigt.

Die zugesagte Überschussbeteiligung ist also eine der wichtigsten Größen zur Performancemessung der Kapitalanlagen von Lebensversicherungen. Allerdings ist eine Performancemessung, die sich lediglich an der Überschussbeteiligung orientiert, aus Sicht des Anlegers unzureichend, da sie sich nur auf einen Teil seiner Einzahlungen bezieht, nämlich den Sparanteil.

Während das deutsche Versicherungssystem also auf der Zusicherung einer bestimmten Mindestverzinsung der eingezahlten Versicherungsbeiträge und der strikten Überwachung des Geschäftsgebarens jedes Versicherers durch das Bundesaufsichtsamt beruht, setzen die angelsächsischen Länder strikte Qualitätsvorschriften für die Versicherungsvermittler. Britische Lebensversicherer sagen meist keine feste Verzinsung der eingezahlten Mittel zu. Bei vorzeitiger Kündigung muss der Kunde oftmals sogar noch mit wesentlich höheren Abschlägen rechnen als in Deutschland. Für den Absatz angelsächsischer Versicherungen haben die Rankinglisten der Portfoliomanager eine besondere Bedeutung.

Inzwischen befindet sich die deutsche Versicherungswirtschaft im Hinblick auf ihre Kapitalanlagepolitik in einer Umbruchsituation, getreu dem Motto von Georg von Siemens: »*Das Kunststück ist nicht, dass man mit dem Kopf gegen die Wand rennt, sondern dass man mit den Augen die Tür findet.*« Schließlich scheint sich der Rentenzins dauerhaft auf einem niedrigen Niveau einzupendeln. Folglich drängen sich ungeachtet ihrer Kursschwankungen höhere Aktien-, Währungs- und Derivateanteile wegen ihrer längerfristig besseren Rendite geradezu auf. Dies wird den ohnehin seit etlichen Jahren bestehenden Trend zur Professionalisierung der Kapitalanlage weiter verstärken. Damit wird von der reinen Verwaltung der anvertrauten Vermögen immer mehr Abstand genommen, aktives Management bei einem größeren Aktien- und Auslandsanteil nimmt dagegen zu.

3.1.2.4. Banken

Wichtige Marktteilnehmer sind Großbanken wie die Deutsche Bank oder die Commerzbank. Die meisten tätigen Eigenhandel mit Aktien, Edelmetallen, Devisen und Renten sowie mit den entsprechenden Derivaten. Dazu kommt natürlich auch noch der Geldhandel, der jedoch neben der Gewinnerzielung vor allem den Liquiditätsbedürfnissen der Banken dienen muss.

Die meisten Eigenhandelsgeschäfte sind äußerst kurzfristig angelegt. So ist gerade im Handel mit Aktien und Devisen Intra-Day-Trading üblich, d. h., Banken halten Positionen nicht über Nacht oder gar übers Wochenende – es dominiert eine sehr kurzfristige Betrachtungsweise. Performance ist dann der Verkaufswert eines Engagements abzüglich seines Einkaufswertes. Die anteiligen Gesamtkosten inklusive der anfallenden Steuern werden erst nachträglich berechnet und spielen für das tägliche Geschäft im Eigenhandel keine Rolle.

Zudem erstellen die Banken jährliche Bilanzen. Dabei werden Wertpapiere im Umlaufvermögen – ob nun als dauerhafte Renten oder kurzfristig als Aktien gehalten – nach dem Niederstwertprinzip bilanziert. Abschreibungen werden dann fällig, wenn der Börsen- oder Marktwert zum Bilanzierungszeitpunkt unter dem Anschaffungskurs liegt. Dagegen schlagen sich Kursgewinne aus dem Eigenhandel nur dann in der Gewinn-und-Verlust-Rechnung nieder, wenn sie realisiert wurden. Wertpapiere und Devisen sind angesichts ihrer Volumina und ihrer Flexibilität eine wichtige Dispositionsmasse für die Steuergestaltung der Banken.

3.2. Gemeinsame Einflussfaktoren auf die Anlegergruppen

So wichtig die spezifischen Gegebenheiten einzelner Anlegergruppen auch sein mögen, ebenso wichtig sind folgende objektive Determinanten für alle Anlegergruppen: Portfoliogröße, Marktnähe und Marktkenntnis.

3.2.1.1. Portfoliogröße

Mit wachsendem Portfolio steigen auch die Möglichkeiten zur Risikostreuung und zur Verringerung der Kosten. So lassen sich die Kosten für Informationssuche und -verarbeitung, für die EDV und gegebenenfalls auch für Werbung und Kundenbetreuung bei größeren Volumina vorteilhafter als bei kleineren Volumina verteilen.

Für die Kostendegression ist in erster Linie die Summe der gesamten Anlagen eines Investors relevant, also nicht die Größe eines einzelnen Fonds oder einzelner Aktienpositionen. So nimmt der finanzielle Spielraum gleichmäßig mit der Größe eines Gesamtportfolios zu, der Nutzen einer fortgesetzten Informationssuche und -verarbeitung steigt jedoch ab einer gewissen Depotgröße kaum noch an.

Ursache dafür ist zum einen die begrenzte Anzahl der Einflussgrößen, die auf den Finanzmarkt einwirken. Das gleiche gilt für die menschliche Aufnahme- und Verarbeitungskapazität. Gerade in kritischen Situationen bewirken psychische Mechanismen sogar eine weitere Verengung dieses Spielraums. Auch automatisierte Verfahren der

Informationsverarbeitung bieten hier kaum einen Ausweg, da sie der Vielschichtigkeit und dem ständigen Wandel der Finanzmärkte nicht gerecht werden und die notwendige intuitive Erfassung komplexer wirtschaftlicher und sozialer Zusammenhänge nicht leisten können.

Der Diversifizierungsnutzen verhält sich mit steigendem Depotvolumen ähnlich. Denn die Auswahl verschiedener Aktien zur Risikostreuung beruht auf Vergangenheitsdaten oder relativ groben Vorausschätzungen von Analysten. Eine genaue Einschätzung des zukünftigen Risikos ist nicht möglich – aber auch nicht notwendig, da die bedeutendsten Diversifizierungseffekte durch relativ grobe Risikostreuung erreicht werden können. Darüberhinaus entstehen durch Diversifizierung Kosten. Diese steigen dann, wenn durch eine immer feinere Diversifizierung immer mehr Transaktionen bei immer kleineren Auftragsvolumen getätigt werden. Daher ist es selbst bei der Anlage sehr großer Vermögen sinnvoll, einen mittleren Risikostreuungsgrad anzustreben. Schon Seneca erkannte: »*Nicht deshalb wagen wir nichts, weil Dinge schwierig scheinen, sondern Dinge sind schwierig, weil wir nichts wagen.*« Damit ist gemeint, dass ein gewisses Risiko notwendig ist, da Risiko die Bugwelle des Erfolges ist.

Auch bei professionellen Anlegern gibt es – wie schon erwähnt – subjektive Verzerrungen. Eine sinnvolle Risikostreuung setzt die 100%ige Beherrschung des Instrumentariums voraus. Folgen professionelle Anleger jedoch ihren subjektiven Erwartungen, so ist die Gefahr der Übergewichtung bestimmter Investments und damit die Zunahme des Risikos sehr groß.

Die dargestellten Degressionseffekte bei der Risikostreuung, der Informationssuche und -verarbeitung sollten bei größeren Depotvolumina eigentlich zu einer steigenden Profitabilität führen. Doch dem stehen andere Effekte entgegen. Zum einen können große Volumen nicht auf allen Märkten und in allen Situationen rechtzeitig verkauft bzw. gekauft werden. Das kann gerade in kritischen Börsensituationen oder bei Nebenwerten viel Performance kosten. Zum anderen wird ein Fondsmanagement umso konservativer, je größer es wird. Das hängt zum einen mit der zunehmenden Bürokratie zusammen, andererseits wächst ein großer Marktteilnehmer aus seiner bisherigen, meist risiko-freudigeren Klientel heraus und erschließt sich die breite, eher risikoavers und konservativ denkende Masse der Kunden. Dies führt zu einem vorsichtigeren Vorgehen an den Aktienmärkten und damit meistens auch zu einer schlechteren Performance.

Vorteil großer institutioneller Anleger ist, dass diese durch ihre Stimmrechte in den Hauptversammlungen Einfluss auf die Geschäftspolitik des Unternehmens ausüben können.

3.2.1.2. Marktnähe

Unter dem Kriterium der Marktnähe ist die Art des Zugangs zu einem Aktienmarkt zu verstehen – ist er schnell oder langsam, leicht oder schwer möglich. Sie beruht also vor allen auf den technischen, organisatorischen und finanziellen Möglichkeiten des Investors. So bestimmt die Marktnähe, welche Kurszyklen ein Anleger nutzen und welche Strategien er anwenden kann. Damit wird auch ein Großteil des Risikos des Anlegers festgelegt. Bis vor kurzem hatten nur einige wenige, wenngleich bedeutende, Marktteilnehmer einen Echtzeitzugang zu den Aktienmärkten – vor allem sind dies Banken, die diesen Zugang für den Eigenhandel nutzen können, sowie einige große Industrie- und Handelsunternehmen. Die meisten professionellen Marktteilnehmer, wie Versicherungen, Investmentfonds, Vermögensverwalter und viele bedeutende Industrieunternehmen, verfolgen lediglich »Real Time« das Geschehen an den Märkten, ohne selbst direkt einzugreifen. Für den direkten Handel fehlen ihnen die Umsatzvolumina und die personelle und technische Ausstattung, für Markttransaktionen bedienen sie sich einer Bank. Sie sind jedoch ständig am Markt, da sie auf Grund ihres Anlagedrucks auch in ungünstigen Zeiten investieren müssen.

Privatanleger können sich mittlerweile ebenfalls sehr zeitnah über Radio, Fernsehen und Internet über das Geschehen an der Börse informieren und sogar als »Day Trader« unmittelbar in das Börsengeschehen eingreifen.

3.2.1.3. Marktkenntnis

Marktkenntnis setzt zwar den schnellen und verlässlichen Zugang zu marktrelevanten Informationen voraus, bedeutet aber mehr, nämlich auch einen sinnvollen Umgang mit diesen Informationen. Erfahrung dabei verschafft Anlegern einen zweifachen Vorsprung vor den anderen Marktteilnehmern; eine relativ treffsichere intuitive Handlungsweise sowie eine Fülle realistischer Handlungsheuristiken, an denen sie sich in kritischen Situationen unabhängig von ihrer eigenen psychischen Verfasstheit orientieren können. Solche Regeln werden oft in Börsenweisheiten abgebildet, wie »*Buy the rumor, sell the fact*«. Andere Börsenregeln sind darauf ausgelegt, psychologische Handlungszwänge zu umgehen: »*If you are in trouble: double!*« Es gibt im professionellen Bereich Dutzende solcher Handlungsheuristiken, die jeweils für einen genau eingegrenzten Einsatzbereich akzeptable Lösungen vorgeben.

Anders als oft vermutet, zeigen auch professionelle Marktteilnehmer Schwächen beim Umgang mit Informationen. Zwar sind Marktinformationen im professionellen Bereich sehr viel schneller und in deutlich größerem Umfang verfügbar, dennoch krankt die Informationsverarbeitung an denselben psychologischen Problemen wie die der Privatanleger. Gruppendynamiken und Stress wirken sich negativ auf die Aufnahmebereitschaft professioneller Anleger aus. Die Informations- und Reizüberflutung, der Druck von Vorgesetzten und Kunden können sogar bewirken, dass professionelle Anleger besonders irrational reagieren. Hinzu kommt ein organisatorischer Effekt, denn je länger ein Kursaufschwung anhält, desto mehr wird die professionelle Infrastruktur bei Fonds oder Banken ausgebaut und es werden immer mehr junge Händler, Portfoliomanager oder Analysten eingestellt, die nur den aktuellen Aufschwung, nicht aber andere Marktphasen kennen. Der Aspekt Erfahrung wird also bei professionellen Anlegern gerade zu einem Zeitpunkt zurückgedrängt, wo er besonders entscheidend wäre. Folge ist nicht selten die Ausbreitung von Überoptimismus und damit der Gefahr einer Spekulatiuonsphase.

Auch professionelle Marktteilnehmer agieren genauso wie Privatanleger nicht auf jedem Markt gleich. Erfahrungen und Informationsmöglichkeiten sind für den Heimatmarkt fast immer größer als für einen Auslandsmarkt. Ausländische Anleger sind nervöser, ihre Engagements meist kurzfristiger und auf bestimmte Marktkonstellationen ausgerichtet. Neben dem Informationsproblem kommt noch das Währungsrisiko hinzu. Auch professionelle Marktteilnehmer sind ihrem Heimatmarkt gegenüber in vielen Fällen positiver eingestellt und lassen sich von Pauschalurteilen gegenüber anderen Ländern leiten. Dabei werden manche Länder ungerechtfertigterweise gemieden, andere unangebracht übergewichtet. Eine solche Verhaltensweise muss nicht unbedingt irrational sein, kann ein Portfoliomanager doch damit rechnen, dass die übrigen Marktteilnehmer, seine Vorgesetzten und Aufsichtsgremien ähnliche Vorurteile pflegen.

Sowohl professionelle als auch private Anleger treffen ihre Anlageentscheidung nicht nur nach objektiven Gesichtspunkten. Will man sich ein realistisches Bild der Entscheidungsprozesse an den Börsen und den Handlungen ihrer Akteure machen, muss man sich daher zunächst die wichtigsten psychologischen Effekte vergegenwärtigen. Dies werden wir im nächsten Abschnitt tun.

4. Ein Beispiel: Anleger Schmidt

Um die psychologischen Faktoren verstehen zu können, die auf den Anlegern und damit auf den Markt wirken, erscheint es mir zunächst sinnvoll, das Verhalten eines Marktteilnehmers exemplarisch dazustellen. Schließlich sagte schon Romeo Kreinberg: »*Es ist besser, aus der Erfahrung anderer als aus eigener Erfahrung zu lernen. Das kostet weniger Geld und weniger Zeit. Je mehr man von anderen lernen kann, desto billiger ist die eigene Erfahrung.*«

Die Geschichte des Anlegers Schmidt spielt während der Aktienhausse und -baisse am Neuen Markt von 1999 bis 2002. Angetrieben durch die Berichterstattung in den Medien, die suggerierte, dass man an den Börsen nur gewinnen könne, betrat unser Anleger das Börsenparkett.

Schon von Anfang an verspürte Schmidt einen permanenten Zwang zu gewinnen. Er sah, dass sich seine Nachbarn von ihren Börsengewinnen ein neues Auto kaufen konnten, und so wollte er gegenüber diesen nicht zurückstehen. Um dieses Ziel zu erreichen, informierte er sich über das Geschehen an der Börse. Via Internet verfolgte er die aktuellen Aktienkurse. Er studierte den Wirtschaftsteil des Handelsblattes eingehend. Somit hatte er sich mit marktrelevanten Ereignissen sowie deren Interpretation vertraut gemacht. Anleger Schmidt führte außerdem Gespräche mit Kollegen und Freunden, um das Bild abzurunden. Dadurch bildeten sich seine Erwartungen zur nächsten Entwicklung des Aktienmarktes. Unser Anleger entschied sich zum Kauf von 100 EM.TV Aktien – natürlich in Erwartung eines schnell steigenden Kurses.

Und der Aktienkurs entwickelte sich wie von Schmidt erwartet – er freute sich, ja, er wurde ob dieser Entwicklung richtig ausgelassen. Um seine Freude vollends auszukosten, realisierte Schmidt den entstandenen Gewinn. Neben der Genugtuung mit dem Investment richtig gelegen zu haben, war für ihn noch ein materieller Gewinn entstanden. Mit diesem Erfolg wuchs natürlich auch der Mut unseres Anlegers. Schließlich konnte das nächste Engagement mit einem kleinen Polster eingegangen werden.

Beim nächsten Geschäft fiel die Informationsphase etwas flüchtiger und kürzer aus, denn er wusste ja aus der vorherigen Informationsphase schon, was ihn interessierte. Auch der neuerliche Informationsaustausch mit Kollegen und Freunden diente eigentlich eher der Bestätigung der persönlichen Ansicht über die nächste Kaufentscheidung anstatt einer kritischen Auseinandersetzung mit dem Marktumfeld. Im Gegenteil: Der Erfolg des ersten Geschäftes machte Schmidt als Ratgeber anderer gefragt.

Glücklicherweise gelang auch das zweite Geschäft. Die Zufriedenheit unseres Anlegers wuchs, er glaubte, derzeit einen guten Riecher in Sachen Investment zu haben. Natürlich blieb den Kollegen und Freunden der Erfolg nicht verborgen. Schmidt wurde als Ratgeber gefragter denn je. Berauscht von seinem Erfolg handelte Schmidt immer mehr »aus dem Bauch« heraus, sein durch die erfolgreichen Investitionen gewachsenes Selbstbewusstsein verführte ihn dazu, immer größere Summen zu investieren. Im Geiste rechnete er schon die Gewinne des laufenden Monats hoch – mit Verlusten rechnete er nicht.

In dieser Stimmung tätigte Schmidt sein drittes Geschäft – abermals ein Erfolg. Nochmals steigerte er die Handelsvolumina, denn eine derartige »Serie« musste man einfach ausnutzen. Das vierte Geschäft lief zunächst nicht so ab wie bislang gewohnt. Der Kurs der Aktie wollte am Anfang gar nicht in die Richtung, die Schmidt prognostiziert hatte. Doch am Ende hatte er Glück und unter dem Strich blieb ein bescheidener Gewinn, der genauso hoch war, wie der Gewinn aus dem ersten Geschäft. Allerdings wurde der erste Gewinn noch mit einem niedrigeren Handelsvolumen erreicht, also mit weniger Risiko. Dieser kleine Schönheitsfehler fiel unserem Anleger aber kaum auf, wenn er ihn nicht sogar verdrängte. Schmidts Euphorie blieb bestehen, er war überzeugt, dass ihm alles gelingen könne. Sein Blick für die Realität war längst verloren gegangen und so spekulierte er weiter, ohne dass ihm bedrohliche Marktveränderungen bewusst wurden. Im besten Falle führten unerwartete Ereignisse zu einer Glattstellung des Geschäftes, also zur Gewinnmitnahme. Und: *»An Gewinnmitnahmen ist noch niemand gestorben.«*

Doch leider entwickelten sich nicht alle Geschäfte gleich so, wie sie eigentlich sollten. Auf diese ersten kleineren Kursverluste reagierte Schmidt zunächst nicht, denn er vertraute auf seine Entscheidungen. Allerdings entwickelten sich die Aktienkurse seit dem Jahr 2001 stetig abwärts, es begann ein »Crash auf Raten«. So langsam bekam es Schmidt mit der Angst zu tun. Hatte er vielleicht doch die falsche Entscheidung getroffen? Er überprüfte also nochmals die fundamentale Situation der gehandelten Aktie. Allerdings kam er zum gleichen Schluss wie vor dem getätigten Geschäft: Die Aktie sollte eine gute Investition sein.

Offensichtlich dachte der Markt aber anders. Anleger Schmidt konnte sich die Verluste nicht erklären. Den Verlust realisieren wollte er aber auf keinen Fall, denn das käme schließlich einem Gesichtsverlust gleich. Insbesondere die vorausgegangene Erfolgsserie beeinflusste nun Schmidts Verhalten. Die Überzeugung, auch dieses Mal recht gehabt zu haben, vernebelte vollends seinen Sinn für das tatsächliche Marktgeschehen. Mit der Zeit schob sich die Angst immer mehr in den Vordergrund, die ihn weiter lähmte.

In dieser Angstphase veränderte sich die Wahrnehmung des Anlegers Schmidt immer mehr. So verdrängte er alle ungünstigen Nachrichten und Informationen, während er gleichzeitig die Bedeutung positiver Meldungen überbewertete. Als die Kurse dann tatsächlich zu einer leichten Gegenbewegung ansetzten und sich so der drohende Verlust zu verringern schien, schlug seine Angst sofort wieder in Hoffnung um. Diese Hoffnung ermutigte ihn so sehr, dass er weitere Aktien hinzukaufte[7], um den Einstandspreis zu verringern.

Unglücklicherweise war der Aufschwung nur von kurzer Dauer, die Aktienkurse fiellen weiter. Der Druck auf unseren Anleger Schmidt wuchs noch einmal merklich an, da er bei doppelter Positionshöhe auch die doppelte Belastung aushalten musste. Aus seiner Angst wurde Panik. Deswegen konnte er zunächst kaum reagieren. Auch zu Freunden und Kollegen hatte er kaum mehr Kontakt, als Ratgeber in Börsenangelenheiten war er nun nicht mehr gefragt. Die Augen unseres Anlegers waren nur noch auf den Kursmonitor fixiert. Der Punkt, an dem es keinerlei Hoffnung mehr gibt, schien erreicht zu sein. Deshalb entschloss sich Schmidt zu einer Verzweiflungstat und stellte sein Engagement glatt.

4.1. Wichtige psychische Effekte an der Börse

Obwohl der Fall des Anlegers Schmidt natürlich exemplarisch ist, gibt es dennoch eine Vielzahl von ganz typischen und immer wieder zu beobachtenden Verhaltensmustern von Anlegern, dic zumindest in der Tendenz bei allen Marktteilnehmern vorhanden sind. Und diese Verhaltensmuster werden von psychischen Effekten beeinflusst.

»*Gibst du auf die kleinen Dinge nicht acht, wirst du Größeres verlieren*«, ist eine weitere Börsenweisheit. Zu diesen vermeintlich kleinen Dingen gehören auch die psychischen Effekte. So ist es für ein sicheres Navigieren durch die Wogen der Finanzmärkte unerlässlich, die Psychologie der Märkte zu verstehen und die eigenen Reaktionsweisen zu kennen.

Doch zunächst sollten wir uns der Frage zuwenden: Wie wirken psychische Effekte, die für das Anlageverhalten von Bedeutung sind?

Die Persönlichkeitsstruktur des Anlegers, vereinfacht gesagt sein »Charakter«, und damit auch seine Überzeugungen, Einstellungen, Werturteile und Erinnerungen sind Basis aller Anlageentscheidungen. Dazu gehören auch die Stimmung und die Motivation des Anlegers als kurzlebige Effekte. Diese grundlegenden Überzeugungen und Vorgehensweisen werden unter dem Begriff »Anlagephilosophie« zusammengefasst.

4.2. Anlagephilosophie

4.2.1. Persönlichkeitsstruktur

Zunächst einmal sollte sich jeder Anleger bewusst sein, dass seine Persönlichkeitsmerkmale relativ konstant sind. Für das Verhalten eines Anlegers an der Börse sind seine Charakterzüge besonders wichtig, denn diese sind ausschlaggebend dafür, in welchem Stadium einer Transaktion er sich wie verhält und für welche Irrationalitäten er besonders empfänglich ist. Prinzipiell sind die grundlegenden Charaktereigenschaften bei allen Individuen einer Gruppe vorhanden (»Universalität«), aber eben in unterschiedlicher Ausprägung und so wirken sie in derselben oder ähnlichen Situation auch unterschiedlich.

Bestimmend ist auch die Charakterfestigkeit, also das Festhalten an einer einmal getroffenen Entscheidung. Dies ist aber an den Börsen meist hinderlich, denn es wird auch das Festhalten an Fehlentscheidungen begünstigt. Laut empirischen Kapitalmarktforschungen ist dies einer der Hauptgründe für eine unterdurchschnittliche Performance vieler Anleger.

---

[7] Objektiv betrachtet ist das Hinzukaufen nichts anderes als das Eingehen einer neuen Position neben einer bereits Bestehenden, deren Verlust dadurch aber keineswegs verringert wird.

4.2.2. Überzeugungen und Einstellungen des Anlegers

Überzeugungen sind gedankliche Modelle über die Welt, die die Einschätzung der Eintrittswahrscheinlichkeit eines Ereignisses bestimmen. Versucht etwa ein Pokerspieler das Verhalten eines unbekannten Gegenspielers vorherzusagen, muss er die Erwartungen und Werturteile seines Kontrahenten, die dessen Verhaltensweise im Spiel bestimmen werden, einschätzen können. Dabei sind die Überzeugungen unseres Pokerspielers zunächst vorgegeben – etwa durch vorhandene Vorurteile. Sie werden aber ab dem ersten Zug des Gegners angepasst. Im weiteren Spielverlauf müssen die angenommenen Überzeugungen bei jedem weiteren Zug überprüft werden.

Überzeugungen sind also – wie illustriert – nichts anderes als komplexe Einstellungen, die sich durch frühere Erfahrungen bilden. Sie wirken sich auf das aktuelle Erleben und Verhalten und vor allem auf dessen Wahrnehmung aus. Besonders wichtig sind Überzeugungen bei der Einschätzung zukünftiger Chancen, sie beeinflussen alle Handlungen. Allerdings bestimmen Überzeugungen zwar die Tendenz zu einer bestimmten Handlungsweise, aber auch Präferenzen spielen bei der Entscheidung zu dieser oder einer anderen Handlungsweise eine wichtige Rolle. Präferenzen sind Begünstigungen bestimmter Objekte, Handlungsweisen oder Entscheidungen.

Präferenzen fallen oft kurzfristig und intuitiv aus. So ändern Versuchspersonen jedes Mal ihre Entscheidungen, wenn eine Wahlaufgabe anders formuliert wurde. Erklärung dafür ist, dass die Menschen schlechte Statistiker sind, die mit Informationen systematisch falsch umgehen und Wahrscheinlichkeiten systematisch falsch einschätzen. Entscheidungen dieser Art werden zumeist aufgrund so genannter Entscheidungsheuristiken treffen. Solche Daumenregeln sind an der Börse weit verbreitet, wie z.B. »*einer Straßenbahn und einer Aktie darf man nie nachlaufen. Nur Geduld: Die Nächste kommt mit Sicherheit!*«

4.2.3. Gedächtnis

Die kognitive Psychologie unterscheidet vier unterschiedliche Gedächtnisteile nach ihrer Speicherdauer:

- Das sensorische Gedächtnis behält Informationen nur für Bruchteile von Sekunden.
- Das primäre Gedächtnis ist in der Lage, akustische und visuelle Informationen einige Sekunden zu speichern. Dazu gehören Telefonnummern oder vorbeihu-

schende Gesichter. Dieser Teil des Gedächtnisses reagiert auf Ablenkung, Müdigkeit, Schockzustände und Hirnverletzungen äußerst empfindlich. Das primäre Gedächtnis ist außerdem der Filter, der entscheidet, welche Informationen auf Dauer gespeichert werden. Ist die Kapazität des primären Gedächtnisses erschöpft, so müssen gespeicherte Informationen gelöscht werden, um weitere Aufnahmen zuzulassen.

- Der Langzeitspeicher hat dagegen eine extrem große Kapazität, er ist in das sekundäre und das tertiäre Gedächtnis eingeteilt. Das sekundäre Gedächtnis speichert das »Erlernte« semantisch und nach räumlich zeitlichen Zusammenhängen (»Gestalt-Lernen«), kann es aber auch wieder vergessen. Das im tertiären Gedächtnis Eingeprägte ist auf Dauer gespeichert.

Die neurologische Gehirnforschung geht allerdings von nur zwei Formen des Gedächtnisses aus. Die erste Form ist demnach das deklarative Gedächtnis, das sich an Sachverhalte und frühere Erlebnisse erinnert. Der andere Teil des Gedächtnisses ist das emotionale Gedächtnis, es übermittelt Stimmungen und Emotionen. Bewusst ist uns aber nur eine Mischung aus beiden Gedächtnissen. Folglich haben Gefühle einen starken Einfluss auf das deklarative Gedächtnis.

Das ist auch der Grund, warum Menschen in angstbeladenen Situationen nicht rein kognitiv, also logisch, vorgehen. Das zeigt sich am Aktienmarkt, wenn im Crash auch »alte Hasen« irrational handeln.

Ob ein Mensch Informationen auf Dauer speichert (»Gedächtnisleistung«), hängt von mehreren Faktoren ab. Dazu gehören zum einen die Lernbedingungen. So wächst der Lernaufwand überproportional zum Umfang des Lernmaterials. Zusätzlich steigt die Gedächtnisleistung mit der Zahl der Wiederholungen in Abhängigkeit der Zeit, über die die Lerndurchgänge verteilt wurden. Ideal sind zunächst kurze, dann längere Abstände der Lerndurchgänge. Wird dagegen ein Lerninhalt über längere Zeit nicht mehr aufgefrischt, so geht er verloren.

Neben den Lernbedingungen spielen aber auch die Beschaffenheit des Lernmaterials und die Verfasstheit des Lernenden eine Rolle. Wichtig sind neben längerfristig gültigen Faktoren, wie der Begabung, der Lernroutine oder dem Alter auch Faktoren wie der Gesundheitszustand, Stress oder Motivation. Dadurch kann es zu einer ausgesprochen selektiven Informationsaufnahme kommen. Insbesondere Erwartungen und Überzeugungen haben einen großen Einfluss auf die Präsenz von Erinnerungen. Schließlich ändern sich Gedächtnisinhalte fortwährend. Vor allem unangenehme Gedächtnisinhalte verlieren mit der Zeit ihre Wirksamkeit. Sie werden aber vielfach nur zurückgedrängt und können jederzeit wieder reaktiviert werden.

4.2.4. Stimmungen

Stimmungen sind diffuse, ungegliederte Zustandserlebnisse von meist geringer Intensität. Im Vergleich zum Gefühl sind Stimmungen weniger intensiv und nicht auf ein bestimmtes Objekt gerichtet, im Vergleich zu Überzeugungen sind sie kurzfristiger und meist weniger bewusst. Aber Stimmungen und Denken stehen in einer engen Wechselbeziehung (»Cognitive-Tuning-Hypothese«). Darum gilt der Spruch von Abraham Lincoln: »*Der Mensch ist gerade so glücklich, wie er es nach seinem eigenen Entschluss möchte.*«

Ist der Mensch positiv gestimmt, sind auch positive Erinnerungen leichter verfügbar. Und je leichter eine Person diese positiven Erinnerungen abrufen kann, desto mehr wird Erfolgswahrscheinlichkeit überschätzt. Allerdings ist das Phänomen stimmungskongruenter Erinnerungen wenig stabil. So verschwimmt der Einfluss gedrückter Stimmungen auf die individuelle Erinnerung, da nach der »Mood-Repair-Hypothese« sich Menschen bewusst auf die Suche nach positiven Gedankeninhalten machen. Das führt dazu, dass negative Erinnerungen systematisch verdrängt werden. In Zeiten, in denen massenpsychologische Phänomene wirken, funktioniert dieser Mechanismus nicht – z. B. also während eines Aktiencrashs.

Im Allgemeinen gilt: Stimmungseinflüsse sind umso ausgeprägter, je komplexer die anstehenden Entscheidungen sind und je weniger urteilsrelevante Informationen zur Verfügung stehen. Das gilt besonders unter Zeitdruck. Daher beeinflusst die Stimmung die Urteile der Marktteilnehmer in Boom- und Crashzeiten besonders.

4.2.5. Motivationen

Als Motivation bezeichnet man die Gesamtheit der in einer Handlung wirksamen Motive. Diese beeinflussen und kontrollieren Intensität und Richtung des Verhaltens. Motivation ist also die interne Bereitschaft für ein Verhalten – die bei jedem Menschen anders ausgeprägt ist. Deshalb reagieren Menschen in ähnlichen Situationen doch unterschiedlich.

Nach neueren Erkenntnissen ist Motivation unabdingbar, um die Energie zu aktivieren, die notwendig ist, damit sich ein Mensch auf ein bestimmtes Ziel ausrichtet. Dieser Aktivierungsfaktor ist auch dafür verantwortlich, dass das Ziel mit einer bestimmten Intensität verfolgt wird.

Motivationen sind individuell. Übertragen auf die Börsenwelt bedeutet das, dass sie sich auf der Gesamtmarktebene wieder ausgleichen. Zudem gehen die meisten großen Investitionsentscheidungen auf Abstimmungsprozesse innerhalb einer Gruppe zurück. Deshalb sind Motivationstheorien gerade zur Erklärung des Geschehens im Crash oder Boom wenig hilfreich, weil wichtige Teilaspekte automatisch in die Untersuchungen über die Erwartungen einfließen.

4.2.6. Erwartungen

4.2.6.1. Erwartungs- bzw. Hypothesenbildung

Erwartungen sind Vorstellungen zukünftiger Entwicklungen (»Hypothesentheorie«). Sie werden durch die zur Verfügung stehenden Informationen beeinflusst. Dabei werden neue Informationen im Sinne der vorläufigen Erwartungen interpretiert. Damit bestärken Informationen, die einer bereits vorhandenen Hypothese gleichen, die bestehenden Erwartungen und dabei auch die subjektive Sicherheit[8].

Ein wichtiger Faktor für die Generierung von Erwartungen ist die soziale Unterstützung einer Gruppe. Einzelurteile von Gruppenmitgliedern erfahren oftmals eine Art Gleichschaltung, die Urteile der Gruppenmitglieder nähern sich einander an (»Groupthink«). Dieses Phänomen wird in Zeiten großer Unsicherheiten noch verstärkt. So neigen Anleger bei Kursstürzen zu engeren Abstimmungen untereinander.

Entscheidend für die Art der Erwartungsbildung ist auch die so genannte »Perseveranz«. Mit Perseveranz ist das Festhalten an bestehenden Erwartungen beschrieben. Die Perseveranz steigt, wenn die Erwartungshaltung von allgemeinen Erwartungen – etwa der Erwartung nach Kurssteigerungen – bestätigt wird. Dagegen nimmt die Perseveranz mit der Anzahl konkurrierender Hypothesen ab. Problematisch ist es, wenn der Investor an seinen Erwartungen und damit an seinen Entscheidungen festhält – auch wenn sie eigentlich revidiert werden müssten »Perseveranzeffekt«.

Zudem wird immer versucht, die Anzahl der konkurrierenden Hypothesen bzw. Erwartungen zu senken und die verbleibenden zu stärken. Daher wird eine allgemein akzeptierte These (»Monopolthese«) bereits durch eine geringe Menge an Reizinfor-

---

[8] Dies wird als Mechanismus der Selbstbestätigung einer Erwartung bezeichnet.

mationen bestätigt. Befürchten beispielsweise viele Marktteilnehmer an den Börsen einen Crash, so genügt schon ein kleiner Auslöser, um das Erwartete tatsächlich eintreten zu lassen. In Hinblick auf die Übertreibungsphasen an den Märkten kann man sagen, dass die Erwartungsbildung in der Hausse und der Baisse uniformer verläuft, abhängiger von externen Quellen (wie Analysten) ist und zu radikaleren, also risikofreudigeren Ergebnissen führt, als in den übrigen Marktphasen.

4.2.6.2. Konditionierung

Erwartungen können aber auch beeinflusst – konditioniert – werden. Der Begriff der Konditionierung geht auf den russischen Physiologen Iwan Petrowitch Pawlow (1849-1936) zurück. In einem Experiment verband er das Füttern von Hunden mit einem Klingelzeichen. Nach einiger Zeit konnte er beobachten, dass das bloße Klingelzeichen bereits ausreichte, den Speichelfluss der Tiere anzuregen (»bedingter Reflex«). Dies bezeichnete er als konditionierte Reaktion. Eine solche Reaktion muss nicht immer durch denselben Reiz ausgelöst werden, es genügt dafür auch ein ähnlicher Reiz.

Auch Anleger können konditioniert werden, und zwar im Sinne einer »operanten Konditionierung«. Diese bezieht sich, anders als die oben beschriebene instrumentelle Konditionierung, auf freiwillige und nicht auf hergestellte Handlungen. Sie wird durch wiederholte Erfolge oder soziale Bestätigung der Anleger ausgelöst. Der Anleger ist dann darauf konditioniert, darauf zu vertrauen, dass bestimmte Scheinzusammenhänge wirken, obwohl ihnen ihr Verstand eigentlich das Gegenteil sagt. Das wird auch als Phänomen der »Superstition« bezeichnet. Ein solcher »Aberglaube« ist an der Börse weit verbreitet. Gerade pfiffig formulierte, eingängige »Theorien« dieser Art können sogar unter Profis weite Verbreitung finden, beispielsweise »*When bullets fly, stocks are a buy*«.

Die Konditionierung scheint auf den ersten Blick ein individuelles Phänomen zu sein, das sich auf der Gesamtmarktebene wieder ausgleicht. Aber gerade die operante Konditionierung hängt von Faktoren ab, die auf eine Vielzahl von Anlegern gleich wirken. Dies gilt besonders für die Aktienmärkte, auf denen die Kursentwicklung als die wichtigste Information für alle Marktteilnehmer dieselbe ist, und die Medienberichterstattung und Meinung der Experten in dieselbe Richtung gehen. In Boom- oder Crashzeiten verstärkt sich diese Uniformisierung der Marktmeinung noch und somit auch die gemeinsame Konditionierung der Marktteilnehmer.

Nach dieser Einführung in die Anlagephilosophie wird es Zeit, einen Blick auf die Anlagepsychologie zu werfen, also die psychischen Effekte an der Börse. Bedenken Sie: Wie stark sie diesen Effekten verfallen, hängt von der eben beschriebenen Anlagephilosophie ab.

4.3. Anlagepsychologie

Schon seit langen weisen Verhaltenswissenschaftler darauf hin, dass Anleger aufgrund mannigfaltiger psychischer, mentaler und neuronaler Beschränkungen nur begrenzt rationales Verhalten an der Börse zeigen. Normalerweise beginnt jedes Investment mit der Suche nach Informationen, zum Beispiel Analysen zu einer Aktie. Schon bei dieser ersten Stufe im Investmentprozess können dem Anleger fatale Fehler unterlaufen, die über Gewinn oder Verlust entscheiden.

4.3.1. Informationswahrnehmung

4.3.1.1. Wahrnehmung

Wahrnehmung läuft als Prozess ab. Dabei führen Sinnesreizungen zu Sinneseindrücken (»Empfindungen«). Sie werden mit Hilfe der Erfahrungen zu einem »Perzept« geordnet. Das heißt, erst wenn die Empfindungen mit den Erfahrungen in Zusammenhang gebracht worden sind, kommt es zur eigentlichen Wahrnehmung.

Manche Prozesse der Informationsaufnahme und -verarbeitung laufen mehr oder minder automatisch ab. Man unterscheidet mehrere Formen: Viele Informationen werden unbewusst und ganz automatisch aufgenommen, sofern ein entsprechender Stimulus vorhanden ist. Diese Prozesse benötigen keine großen Verarbeitungskapazitäten. Die Fähigkeit zur automatischen Informationsverarbeitung ist nicht angeboren, sie muss erlernt werden.

Neben den beschriebenen unbewusst verlaufenden automatischen Prozessen, gibt es auch die spontane Informationsverarbeitung. Dabei laufen die »ruminativen Prozesse« bewusst ab, sind aber nicht zielgerichtet – im Gegensatz zu den »intentionalen Prozessen«. Hierbei werden die Informationen gezielt aufgenommen, verarbeitet und durch bewusste und kontrollierte Anstrengungen zur Zielerreichung genutzt. Investitions- und Desinvestitionsentscheidungen sind in der Regel spontane oder intentionale Prozesse.

Dennoch darf man nicht vergessen, dass die Prozesse der Informationsaufnahme bzw. -verarbeitung einer Vereinfachung unterliegen. So wird bereits bei der Informationsaufnahme selektiert, denn aus der Vielzahl der vorhandenen Informationen wählt der Anleger immer nach bestimmten Regeln aus. Das liegt daran, dass die Kapazität der Informationsaufnahme beschränkt ist. Dieser Selektionsprozess kann zu einer fehlerhaften Informationsverarbeitung führen.

Außerdem werden unvollständige Bilder häufig durch gezielte Auslassungen oder Ergänzungen zu einem Komplex verdichtet. Das bedeutet, dass ähnliche Informationen als zusammengehörig wahrgenommen und sogar aktiv gesucht werden. Dieses »Prinzip der Ähnlichkeit und Gleichheit« führt dazu, dass gegensätzliche und vor allem verstreute Informationen vernachlässigt werden. Der Komplex verdichtet sich umso mehr, je schneller die betreffenden Informationen aufeinander folgen. Hat sich ein Komplex erst einmal verfestigt, so weist er meistens eine große Stabilität aus. Werden Informationen aus verschiedenen Informationsquellen als übereinstimmend wahrgenommen, so verstärkt dies die Zuversicht und das Vertrauen in die aufgrund dieser Information getroffenen Entscheidung (»Information Sources Effect«).

4.3.1.2. Verfügbarkeit von Informationen

Der amerikanische Aktienguru Robert Prechter sagte einmal: »*Die Anleger müssen ihre bislang fest gefügten Überzeugungen in immer kürzeren Abständen an die Realität anpassen.*« Doch genau das scheint viele Anleger zu überfordern. Denn es wird zunehmend schwieriger, sich im Informationsdickicht zurechtzufinden – egal, ob sich Anleger auf Finanzdaten verlassen, die Charttechnik zur Basis ihrer Aktienauswahl wählen oder ob sie versuchen, die Komplexität der Informationen zu reduzieren, indem sie sich gezielt auf wenige Kriterien konzentrieren. Reuters- und Bloomberg-Terminals senden täglich tausende von Finanznachrichten rund um den Globus, gewähren sekundenschnellen Zugriff auf Informationen aller Art. In Zeitschriften und TV-Sendungen werden ständig neue Gerüchte und Vermutungen ausgetauscht.

Informationen werden häufig mit Nachrichten verwechselt – ein folgenschwerer Irrtum. Darum sollte der Investor immer die Kraft zur Ruhe, zur Reflexion und zur Umkehr haben. Die Investment-Community schürt dagegen die Illusion, dass die Masse an neuen Erkenntnissen unbegrenzt ist. Aber Informationen sind Rohstoffe, die, wie jeder Rohstoff, weiterverarbeitet, gesichtet, bewertet und analysiert werden müssen. Und nicht jede Information wird zur Nachricht, nach der man sich im eigentlichen

Sinne des Wortes richten kann. Doch gerade bei der Verarbeitung der Informationen kommen dem Investor einige psychische Effekte in die Quere, die einen bedeutenden Einfluss auf die Reaktion des Anlegers haben.

Einer dieser Effekte ist der »Availability-Effekt«. Bestimmte Eindrücke und Informationen sind im Gedächtnis leichter und schneller verfügbar (available), werden so bei der Meinungs- und Entscheidungsbildung übergewichtet und können daher zu vorschnellen Urteilen führen. Zudem sind Denkstrukturen, Vorlieben, Handlungen und Erfahrungen aus dem persönlichen Umfeld immer stärker präsent und führen ebenfalls zu vorschnellen Urteilen (»falscher Konsensuseffekt«). Auch neue Informationen sind leichter abrufbar, da sie im Gedächtnis noch leicht verfügbar sind (»Vividness-Effekt«). Zusätzlich gilt: Ist eine Information stärker präsent, so wird auch die Wahrscheinlichkeit ihres Auftretens höher eingeschätzt.

Da an den Börsen die meisten Marktteilnehmer ihre Informationen aus denselben Quellen schöpfen, sind für sie auch dieselben Informationen verfügbar. Bei professionellen Marktteilnehmern ist der Kreis der präsenten Meinungen und Informationen noch weiter eingeschränkt, weil diese auf ein engmaschiges Netzwerk von Kontakten und vielfach sogar auf dieselben Medien zurückgreifen. Dies hat zur Folge, dass sich der »Availability-Effekt« durch die Einwirkung verschiedener Marktteilnehmer nicht ausgleicht, sondern sich auf die Marktebene durchschlägt. So ist er direkt verantwortlich für Überreaktionen der Aktienmärkte – so auch für den Aktienboom 2000 an den Neuen Märkten. Zeitungen und Zeitschriften berichteten ausführlich über den Neuen Markt. Die Kurse schienen in den Himmel zu wachsen, es wurde von der so genannten »Hausfrauen-Rallye« gesprochen. Doch, wie wir heute wissen, folgte auf die extremen Kursteigerungen der Crash[9]. Viele Anleger sitzen noch heute auf hohen Verlusten. Wenn Medien vor allem optimistisch und zupackend berichten, werden die eigentlichen Informationen zudem wesentlich positiver interpretiert, als wenn die gleichen Informationen in einen negativen Kontext gebracht werden.

Der »Availability-Effekt« führt also dazu, dass die mehrheitliche Stimmung an den Börsen einen zu großen Einfluss auf die Anlageentscheidung des Anlegers hat. Hintergrundinformationen werden im Tagesgeschäft zurückgedrängt. Dadurch nehmen die kurzfristigen Kursfluktuationen zu. Langfristig orientierte Anleger halten sich an

---

[9] Diese hohen Kursverluste führten dazu, dass der Neue Markt Index schließlich am 28.02.2003 eingestellt wurde.

folgende Börsenweisheit, um dem »Availability-Effekt« zu entgehen: »*Buy on bad news, sell on good news.*«

In Untersuchungen konnte gezeigt werden, dass viele Anleger nicht richtig auf neue Informationen reagieren können. Sehen wir uns dazu folgendes Experiment an:

> „Es gibt 100 Urnen mit je 1000 Kugeln. 45 dieser Urnen enthalten jeweils 700 schwarze und 300 rote Kugeln. Die 55 anderen Urnen enthalten jeweils 300 schwarze und 700 rote Kugeln. Eine der 100 Urnen wird zufällig ausgewählt. Wie hoch ist die Wahrscheinlichkeit, dass diese Urne überwiegend schwarze Kugeln enthält? Nachdem eine Urne ausgewählt wurde, werden 12 Kugeln gezogen, die jeweils wieder zurückgelegt werden. 8 dieser gezogenen Kugeln sind schwarz, 4 Kugeln sind rot. Wie hoch ist nun die Wahrscheinlichkeit, dass die Urne überwiegend schwarze Kugeln enthält? Das Verhalten der Testpersonen: Die typischen Antworten auf diese Fragen sind: Im ersten Fall beträgt die Wahrscheinlichkeit, dass die Urne überwiegend schwarze Kugeln enthält, 45 %. Diese Antwort ist richtig. Im zweiten Fall lauten die beiden häufigsten Antworten 45 % und 67 %. Die erste Antwort ignoriert das Ergebnis des Ziehens mit Zurücklegen.
> Die Zweite Antwort vergisst die Ausgangswahrscheinlichkeit. Die richtige Antwort berücksichtigt beides und kommt auf 96,04 %.. Mit anderen Worten, dass in einer Urne mit 70% roten Kugeln 8 von 12 gezogenen Kugeln schwarz sind ist sehr unwahrscheinlich.“[10]

In diesem Beispiel kommt es zur Unterreaktion auf die neue Information, da die relative Häufigkeit der Urnen mit vorwiegend schwarzen Kugeln sowie die relative Häufigkeit der gezogenen schwarzen Kugeln bei vielen Antworten als Referenzpunkt dienen.

Wie lässt sich dieses Beispiel auf die Finanzmärkte übertragen? Eine ähnliche Unterreaktion findet sich bei unerwarteten Gewinnänderungen von Aktiengesellschaften. Jede Urne aus dem obigen Beispiel könnte auch für ein Unternehmen stehen. Eine Urne, die überwiegend schwarzen Kugeln enthält, repräsentiert ein Unternehmen, das schwarze Zahlen schreibt. Dagegen verkörpert ein Korb mit überwiegend roten Kugeln ein Unternehmen, das rote Zahlen schreibt.[11] „Wenn ein Unternehmen aus einer Grundgesamtheit von 55 guten und 45 schlechten Unternehmen in 12 Monaten 8 Mal schwarze und 4 Mal rote Zahlen schreibt, dann ist es höchst wahrscheinlich, dass es ein gutes Unternehmen ist. Der Markt realisiert dies aber nicht sofort“[12], weil die Anleger erst verspätet auf diese Information regieren.

---

[10] Hens, Torsten: Behavioral Finance. Die neue Sicht auf die Finanzmärkte. S. 6; http://www.iew.unizh.ch/grp/hens/papers/vonGraffenried.pdf

[11] vgl. ebd. S. 6

[12] ebd. S. 6

Diese Beobachtung nutzte der Fuller and Thaler Asset Management (FTAM) Fonds für sich. Das Konzept dieses Fonds basiert auf der Unterreaktion auf Gewinnüberraschungen, da diese im Normalfall zu einem »Post Earnings Announcement Drift« führen. Das bedeutet, dass Investoren von der verzögerten Reaktion des Marktes profitieren können – also davon, dass der Aktienkurs erst relativ spät nach der Veröffentlichung der Zahlen tatsächlich steigt – wenn sie nur schnell genug auf Gewinnüberraschungen reagiert.[13] Hens faßt das beschriebene Konzept folgendermaßen zusammen:

> „Der Behavioral Fonds von Fuller und Thaler ist ein Paradebeispiel dafür, dass man durch fundierte Kenntnisse des Behavioral Finance durchaus den Markt schlagen kann. Das allgemeine Rezept dieses Erfolges lautet also: Man suche eine Marktanomalie für die es eine gut begründete psychologische Erklärung gibt und bilde einen Hedgefonds, der diese Anomalie ausnutzt."[14]

Neben diesen mehr oder minder offensichtlichen Effekten bei der Informationswahrnehmung gibt es auch Effekte, die durch das soziale Umfeld erzeugt werden.

4.3.1.3. Wunschdenken

Nach der Hypothese der sozialen Wahrnehmung werden neue Informationen auf Basis der bisherigen Erwartungen gedeutet. Bestätigt die neue Information die Erwartungshaltung, so steigt die Sicherheit des betreffenden Menschen an, dass seine Erwartungen richtig sind.

So werden die Diagnose- und Prognosekraft von Informationen, die einer bereits bestehenden Erwartung widersprechen, systematisch unterschätzt – die »genehmen« Informationen werden demgegenüber überschätzt. Da sich Erwartungen auf den Aktienmärkten im Laufe einer konsistenten Marktphase zunehmend vereinheitlichen, führt dies zu einer immer stereotypischeren Bewertung eingehender Informationen. Je nach dem ob bestimmte Informationen mit dem bestehenden Stimmungs- und Erwartungsgefüge (»Superhypothese«) übereinstimmen, beeinflussen sie die Aktienkurse. Die Erwartungshaltung wird nur geändert, wenn plötzlich sehr viele widersprechende Informationen eingehen. Je stärker die Erwartungshaltung in ein globales Hypothesen- bzw. Theoriesystem eingebettet ist, umso unverrückbarer wird an ihr festgehalten.

---

[13] vgl. ebd. S. 7

[14] ebd. S. 7

Aber nicht nur erwartungsgemäße Informationen werden stärker gewichtet, Menschen neigen ebenfalls dazu, erwünschten Zuständen eine höhere Eintrittswahrscheinlichkeit zuzuweisen als Unerwünschten. Widersprechen sich Wünsche und Erwartungen, so halten die meisten Menschen an ihren Wünschen fest – und handeln auch dementsprechend. Nicht umsonst sagte schon Cäsar: »*Man glaubt gern, was man sich wünscht.*«

So vertrauen viele Anleger der Chartanalyse, folgen ihr und den betreffenden Instrumenten. Und genau deshalb hat die Chartanalyse tatsächlich eine Prognosekraft[15].

4.3.1.4. Einfluss des Images

So manch ein Anleger mag sich beim Blick über den Gartenzaun fragen, wie es denn wohl die Nachbarn mit der Börse halten. Sind die Verluste höher als die eigenen oder sind sie rechtzeitig genug ausgestiegen? Haben sie alle Stürme ausgesessen? Wie viel hat der Nachbar durch Aktien verdient? All diese Fragen stellt sich der Anleger aus Sorge um sein Image, da sich viele Investoren über die Börse ein besseres Image aufbauen möchten.

In der Regel hängt eine Entscheidung von der Aufnahme dreier unterschiedlicher Images ab: Dem Wertimage, dem trajektorischen Image und dem strategischen Image. Das Wertimage bildet sich aus den moralischen Vorstellungen, den Prinzipien und den bereits festgelegten Neigungen, auf bestimmte Reize spezifisch zu reagieren – wie zum Beispiel bei einem Kurssturz an den Börsen Panik zu verspüren. Das trajektorische Image repräsentiert die Ziele des Anlegers, die er für die Zukunft anstrebt. Das strategische Image bildet schließlich die aktuellen Pläne und Taktiken des Anlegers ab.

Nach der Imagetheorie unterscheidet man zwischen zwei Entscheidungsarten. Adaptionsentscheidungen betreffen neue Projekte, Pläne oder Aktivitäten. Sie umfassen den Auswahlprozess aus verschiedenen Alternativen. Dagegen bestehen Progressentscheidungen aus einer formellen Auseinandersetzung mit den Projekten, Plänen und Aktivitäten, die bereits eingegangen wurden.

In der Regel streben alle Menschen nach einer möglichst vollständigen Übereinstimmung der drei Images. Bei Adaptionsentscheidungen wählt man also die Alternative, die am besten mit allen drei Imageformen in Einklang zu bringen ist. Bei Progress-

[15] So etwas bezeichnet man auch als »Self fulfilling Prophecy«.

entscheidungen werden zur Imagekompatibilität fortlaufend die aktuellen Pläne und Taktiken des strategischen Images mit denen des reflektorischen Images abgeglichen. Wenn beide Images nicht genügend kompatibel sind, wird der aktuelle Plan überarbeitet, zurückgewiesen oder das Ziel wird revidiert.

Dieses Vorgehen ist notwendig, da Informationsaufnahme an den Börsen regelmäßig unter Zeitdruck stattfindet. Deshalb neigen Menschen dabei zu Vereinfachungen. Probleme werden quasi automatisiert gelöst, wenn keine Unterschiede zwischen Zielen, Standards und Erwartungen wahrgenommen werden. Auch bei Informationen, die die Erwartungshaltung bestärken, wird für die Entscheidungsfindung weniger sorgfältig und systematisch abgewogen, als bei negativen Informationen. Die Tendenz zur Vereinfachung von Informationen ist zudem ein Grund, dass Menschen leichter und schneller auf Informationen reagieren, die zu ihrer aktuellen Zielplanung passen, denn dann besteht weniger Bedarf nach schwierigen und langwierigen Entscheidungsprozessen.

4.3.2. Entscheidungshemmung

Es gibt viele Effekte, die dazu führen, dass an sich notwendige Entscheidungen nicht getroffen oder aufgeschoben werden. Allerdings darf man nicht vergessen, dass ein Entscheidungsaufschub an den Börsen meistens auch eine verpasste Gelegenheit darstellt.

4.3.2.1. Status quo Bias

Menschen orientieren sich bei ihren Entscheidungen häufig am Status quo (»Status quo Bias«). Das bedeutet, dass neue Informationen gegenüber Bestehenden zurückgedrängt werden. Deshalb fallen bestehende Meinungen beim Entscheidungsverhalten meist stärker in Gewicht als neue. Ähnlich wirkt sich der »Justifiability Bias« aus: Zuvor als rational angesehene Verhaltensweisen werden selbst dann noch beibehalten, wenn sich die Situation geändert hat und die betreffende Verhaltensweise nicht mehr adäquat ist.

Psychologisch wird der »Status quo Bias« in zwei Teileffekte aufgespalten: Die Neigung zur Inaktivität und dem Beharren auf Bestehendes. Inaktivität kann eine adäquate Strategie sein, weil die Gefahr eines Misserfolges schwerer wiegt als die Chance eines Erfolges oder wenn die durch Handeln entstehenden Informations- und Transaktionskosten die Opportunitätsgewinne der Handlungsalternative übersteigen oder die Risiken der Alternative gegenüber dem Status quo unkalkulierbar sind. Dies ist vor allem dann der Fall, wenn die Entscheidung eine umfangreiche organisatorische oder mentale Änderung nach sich ziehen würde.

Des weiteren beobachten Menschen ihr eigenes Handeln selbst meist viel genauer als andere. Deshalb tendieren sie dazu, frühere Entscheidungen zu wiederholen. Denn: *»Das habe ich früher schon immer so gemacht, deshalb mache ich es heute auch noch so.«*

4.3.2.2. Kognitive Dissonanz

Welcher Anleger hat sich nicht schon einmal nach dem Kauf einer Aktie gefragt, ob er sich nicht doch besser für eine andere Aktie hätte entscheiden sollen? Durch den Verkauf der Aktie könnte die getroffene Entscheidung natürlich revidiert werden – das wäre allerdings mit Transaktionskosten verbunden. Ist die Aktie außerdem inzwischen gefallen, müsste auch noch der Verlust realisiert werden. Den meisten Anlegern wird es in einer solchen Situation schwer fallen, die Aktie zu verkaufen. Stattdessen werden sie versuchen, Argumente und Informationen zu finden, die die ursprüngliche Entscheidung rechtfertigen. Gegenteilige Informationen werden ignoriert.

Die Tendenz an einer Entscheidung festzuhalten ist umso stärker, wenn eine neue Entscheidung das Eingeständnis einer früheren Fehlentscheidung mit sich bringen würde, denn ein solches Eingeständnis bedeutet auch eine Minderung des Selbstwertgefühls. Menschen vermeiden Enttäuschungen über eine Entscheidung, die sich als falsch herausgestellt hat, dadurch, dass sie an der betreffenden Entscheidung bis zum »bitteren Ende« festhalten. Dabei wird die Gefahr einer möglichen Enttäuschung durch das Eingeständnis der Fehlentscheidung höher eingeschätzt als die negativen Konsequenzen einer Untätigkeit[16].

Ob eine Entscheidung gut oder schlecht war, lässt sich an den Finanzmärkten ex post leicht feststellen, denn die finanziellen Auswirkungen aus einem eingegangenen Engagement sind meist unmittelbar transparent. Was passiert nun, wenn ein Anleger erkennt, dass er sich für ein Verlust-Investment entschieden hat? Es entsteht dann etwas, das in der Psychologie mit dem Begriff »Dissonanz« bezeichnet wird. Wissenschaftlich ausgedrückt liegt eine Dissonanz dann vor, wenn Kognitionen – darunter

---

[16] Dieses Verhalten führt besonders bei starken Kursrückgängen dazu, dass zu spät verkauft wird.

werden alle Bewusstseinsprozesse eines Menschen verstanden – in einem widersprüchlichen Verhältnis zueinander stehen. Der Widerspruch ergibt sich in dem betrachteten Fall für unseren Anleger dadurch, dass er Gewinne erwirtschaften möchte (erste Kognition), sich aber so verhalten hat (falsche Investmententscheidung), dass Verluste entstanden sind (zweite Kognition).

Für das Auftreten von Dissonanz ist eine bestimmte »Selbstverpflichtung«, das so genannte Commitment, zwingend notwendig. Ein Commitment liegt vor, wenn der Anleger emotional an der getroffenen Entscheidung hängt, also eine Bindung zu der Entscheidung besteht. Je stärker diese ist, desto höher wird auch die Dissonanzstärke. Ist kein Commitment vorhanden, so liegt auch keine Dissonanz vor.

Wie hoch das Commitment und somit die mögliche Dissonanz bei einer Entscheidung ist, hängt im Wesentlichen von vier Faktoren ab: Entscheidungsfreiheit, Verantwortung, irreversible Kosten und Normabweichung.

1. Dissonanz entsteht nur dann, wenn eine Entscheidung freiwillig getroffen wird, das heißt, dass die Entscheidung aus mindestens zwei Alternativen zwanglos ausgesucht wird. An Kapitalmärkten ist das Commitment stets sehr hoch, da man gewöhnlich nicht zu einer Anlage gezwungen wird, sondern seine Anlageentscheidung freiwillig trifft.
2. Eine wesentliche Voraussetzung für den Faktor Verantwortung ist, dass die Folgen des Handelns bis zu einem gewissen Grad hätten vorhergesehen werden können. Fehler in Entscheidungsprozessen müssen zumindest rückschauend erkennbar sein. So fühlen sich die meisten Fondsmanager zu Recht nur in geringem Maße für Kursverluste verantwortlich, wenn diese durch überraschende, unvorhersehbare politische Ereignisse entstanden sind. Waren dagegen die Ereignisse vorhersehbar, so wird die eigene Verantwortung an Verlusten heruntergespielt, da die meisten Menschen dazu tendieren, der Umwelt die Schuld an ihren Misserfolgen zuzuschreiben. Demgegenüber werden positive Ergebnisse auf die eigenen Fähigkeiten zurückgeführt. So auch im Finanzgeschäft: Viele Fondsmanager schreiben überdurchschnittliche Kursgewinne ihren Fähigkeiten zu, auch, wenn diese überraschenden Ereignissen zu verdanken sind.
3. Kosten, die im Rahmen einer Entscheidung anfallen, führen dazu, dass sich das Commitment erhöht. Dabei sind nicht nur reale Kosten gemeint, wie z. B. die Gebühren beim Kauf von Aktien, sondern auch psychologische Kosten. Folgendes Beispiel soll dies illustrieren: Ein Anleger hat sich vor dem Eingehen

eines Aktienkaufes sehr lange und intensiv mit seinem Investment beschäftigt. Die Bindung an dieses Investment ist dann sicherlich größer, als bei einer spontanen Entscheidung.

4. Auch Normabweichungen beeinflussen das Commitment. Verhält sich der Anleger in der Weise, die von seinem Umfeld für normal gehalten wird, so ist das Commitment wesentlich geringer, als wenn sich der Anleger bewusst gegen einen Trend stellt und seine eigenen Vorstellungen in Engagements umsetzt. Geht das Investment dann schief, so ist die Dissonanz viel größer als wenn die Verluste mit dem Umfeld geteilt werden können, getreu dem Motto: »*Geteiltes Leid ist halbes Leid.*« Aus diesem Grund halten viele Anleger in ihrem Depot bevorzugt Standardwerte, denn dies entspricht einer »normalen« Anlagestrategie. Kleine, unbekannte Nebenwerte zu kaufen, die oftmals ein höheres Kurspotenzial haben, stellt dagegen eine Normabweichung dar. Entsprechend liegt ein hohes Commitment vor und Kursverluste bzw. -gewinne werden stärker wahrgenomen als bei Standardwerten.

4.3.2.2.1. Folgen der kognitiven Dissonanz

Dissonanz wird als unangenehmer Zustand empfunden, den man möglichst vermeiden oder, falls dies nicht möglich ist, zumindest in seiner Intensität verringern möchte. Erfahrungsgemäß versuchen deswegen die meisten Menschen, dissonanten Situationen aus dem Weg zu gehen, und Informationen, die ihr Unbehagen erhöhen könnten, zu meiden.

Es gibt mehrere Möglichkeiten, eine Dissonanz aufzulösen oder zu reduzieren. Wer eine Dissonanz verringern möchte, indem er eine bereits getroffene Entscheidung zurücknimmt, muss sowohl innere als auch äußere Barrieren überwinden. Ein solcher Schritt führt – wie bereits ausgeführt – meist nicht nur zu Kosten (wie Transaktionskosten), sondern ist oftmals auch mit seelischen Nöten verbunden.

Ein Anleger, der erst nach langer Suche seine vermeintliche Traumaktie gefunden hat, die ihm eine großzügige Dividende zahlt, bemerkt nach einiger Zeit, dass die Aktie zwar immer eine gute Dividende auszahlt, aber kaum Kurszuwächse hat. Sie hat also insgesamt eine niedrigere Performance als vergleichbare Aktien. Sollte der Anleger die Aktie verkaufen und in eine andere investieren? Die Entscheidung fällt nicht leicht, denn die Aktie wurde doch nach einem sorgfältigen Findungsprozess gekauft.

Der Anleger möchte sich nicht eingestehen, dass all die Mühe umsonst war und er eine Niederlage erlitten hat. Eine neue Investition würde zudem weitere Mühen bedeuten, deren Erfolg nicht garantiert ist. »*Am Ende käme man gar vom Regen in die Traufe.*« Auch die Befürchtung, eine Veränderung könnte den Verlust von Vorteilen – also der sicheren Dividende – bedeuten, hemmt die Bereitschaft, eine einmal gefällte Entscheidung rückgängig zu machen.

Manchmal ist es aber nicht möglich, eine Entscheidung rückgängig zu machen. Beispielsweise verkauft ein Anleger die Aktie ‚Berliner Zoo', also ein Papier, das einen sehr engen Markt hat. Nach einiger Zeit möchte er die Aktie noch einmal kaufen, muss aber feststellen, dass es aufgrund der Marktenge schwierig ist, die Aktie wieder zu erwerben.

Besteht nicht die Möglichkeit, eine Entscheidung rückgängig zu machen – sei es wegen des hohen Commitments oder weil die Marktlage es nicht zulässt – muss die Dissonanz auf andere Weise aufgelöst werden. Möglichkeiten hierzu bieten die selektive Wahrnehmung und das selektive Entscheiden an.

Selektive Wahrnehmung bedeutet, dass Menschen nach Entscheidungen mit hohem Commitment nur das registrieren, was ihren Entschluss in ein günstiges Licht rückt. Dies tun sie vor allem dann, wenn sich Anzeichen dafür mehren, dass die Entscheidung falsch war. Dann werden die Vorzüge der gewählten Alternative und die Nachteile der verworfenen Möglichkeit betont. Folglich werden Informationen, die für die getroffene Entscheidung sprechen, beachtet und gegenteilige Informationen ignoriert oder heruntergespielt.

Dies kann an folgendem Beispiel erläutert werden. Sie haben Aktien gekauft, die nun im Verlust stehen. Welche der Informationen in einer Ad-hoc-Mitteilung der Aktiengesellschaft würden Sie besonders beachten und welche ignorieren?

> „Erreichung der Umsatz- und Gewinnziele noch möglich!
> Im letzten Quartal ist sowohl der Umsatz als auch der Gewinn aufgrund einer weiteren deutlichen Verschärfung des Preiskampfes zurückgegangen. Die Geschäftsführung hofft aber, Maßnahmen ergreifen zu können, die es vielleicht ermöglichen, die für dieses Jahr gesteckten Umsatz- und Gewinnziele annähernd zu erfüllen."[17]

Wenn sie ehrlich sind, so müssten Sie zugeben, dass sie dem Umstand, dass das Unternehmen seine selbst gesteckten Umsatz- und Gewinnziele annähernd zu erreichen

---

[17] Goldberg, Joachim und Nitzsch, Rüdiger v.: Behavioral Finance. Gewinne mit Kompetenz. Finanzbuchverlag. München, 2. Auflage 2000. S. 127.

hofft, besondere Bedeutung zumessen würden. Die Investition in die Aktien scheint für sie nach wie vor sinnvoll zu sein, zumal sie sich zu erinnern glauben, dass die Gewinnziele ohnehin sehr hoch gesteckt waren und die Aktie vor kurzem zum Kauf empfohlen wurde.

Falls der Aktienkurs dennoch zu fallen beginnt, sehen sie dies als optimale Kaufchance und stocken ihr Engagement auf. Zu spät würden sie erkennen, dass der harte Preiskampf, in dem sich das Unternehmen befindet, zu lange ignoriert wurde und so umfangreiche Restrukturierungsmaßnahmen notwenig sind, die die Gewinnzahlen auf Jahre hin belasten.

Diese verzerrte Wahrnehmung steigert das Wohlbefinden. Mithilfe dieses meist unbewussten Automatismus der selektiven Wahrnehmung kommt man dem Wunsch nach Dissonanzfreiheit ein gutes Stück näher, ohne dass Veränderungen eingegangen werden müssen. Problematisch wird dieses Selbstschutz-Phänomen besonders dann, wenn außer der bereits getroffenen noch weitere Entscheidungen anstehen. Grundlage dieser Entscheidungen ist dann ein verzerrter Informationsstand.

Die Tendenz zur selektiven Wahrnehmung ist allerdings nicht bei allen Menschen gleich stark ausgeprägt. Es lassen sich zwei Gruppen von Menschen unterscheiden: Die Verschlossen (»closed minded«) und die Aufgeschlossenen (»open minded«). Zu der ersten Gruppe gehören jene Menschen, die Dissonanz grundsätzlich vermeiden wollen und konsequent nach Konsonanz streben (»consistency seeker«). Deshalb läuft diese Gruppe besonders Gefahr, durch einseitige Auswahl von Informationen an falschen Entscheidungen festzuhalten. Des weiteren wird ein Anleger, der zur Gruppe der Verschlossenen gehört, verstärkt versuchen, neue Informationen zu finden, die die eigene Meinung unterstützen. Auch wenn verschlossene Menschen Zeitungen nach Berichten durchsuchen, die der persönlichen Meinung oder einer bereits gefällten Entscheidung zuwiderlaufen, werden diese dann als nicht stimmig oder offensichtlich schlecht recherchiert wahrgenommen.

Aufgeschlossene Menschen sind dagegen bereit, sich auf ihren Weg zur Konsonanz mit dissonanten Kognitionen auseinanderzusetzen. Sie würden die obige Ad-hoc-Meldung sorgfältig lesen. Ihnen würde auffallen, dass sich die Aktiengesellschaft in einem harten Preiskampf befindet, der in Zukunft für das Unternehmen noch größere Probleme bedeuten könnte. Auch würden sie erkennen, dass die Geschäftsführung lediglich hofft, die Probleme durch Gegenmaßnahmen lösen zu können. Sie können sich also kritisch mit den Informationen – und damit auch mit ihrem Investment – auseinandersetzen.

Während die selektive Wahrnehmung vor allem zur Rechtfertigung einer Entscheidung und somit zur Verminderung von Dissonanz dient, führt das Phänomen des selektiven Entscheidens dazu, dass der Anleger so handelt, dass seine frühere mit hohem Commitment getroffene Entscheidung in jedem Fall zum gewünschten Erfolg führt. Dies gilt auch, wenn der Anleger diesen teuer erkaufen muss. Anleger handeln hier nach dem alten Motto: »*Was man begonnen hat, muss man auch beenden.*«

Genau das ist der Grund, aus dem ein Anleger eine Aktie nachkauft, die fällt. Dies tut er nämlich in der Hoffnung, schneller wieder in die Gewinnzone zu kommen, weil er mit dieser Transaktion seinen Einstandpreis verbilligt. Fällt die Aktie dennoch weiter, gibt der Anleger zumeist frustriert auf und hat möglicherweise einen großen Teil seines Vermögens verloren.

4.3.2.3. Regretaversion

Unter Regretaversion ist das Bestreben zu verstehen, Fehlentscheidungen zu vermeiden, um Enttäuschungen zu verhindern. Deswegen werden bereits getroffene Entscheidungen oftmals unter folgender Prämisse betrachtet: »Was wäre passiert, wenn ich mich anders entschieden hätte?« Je leichter es im Nachhinein ist, die richtige Entscheidung zu erkennen, desto mehr wird die Falsche bedauert. Die Enttäuschung bei einer Fehlentscheidung wiegt zudem viel schwerer als die Freude, wenn die Entscheidung zum Erfolg geführt hat. Zusätzlich werden die Folgen des (aktiven) Fehlverhaltens negativer empfunden als ein Schaden, der durch Nichtstun entstanden ist. Folglich neigen Menschen bei unsicheren Entscheidungssituationen eher zur Passivität als zum Aktionismus und verlassen sich am liebsten auf das Altbewährte.

Ein Anleger, dessen Aktienanlage ins Minus geruscht ist, wird zögern, diesen Verlust zu realisieren, denn er läuft damit Gefahr, ausgerechnet am ungünstigsten Punkt auszusteigen. Er hätte dann nicht nur den Verlust in Kauf genommen, sondern er müsste zudem zugeben, dass die Entscheidung, die Aktie zu kaufen, falsch gewesen ist. Anleger rechtfertigen in einer solchen Situation ihre früheren Entscheidungen, indem sie die Verantwortung für Fehlentscheidungen teilen oder ganz auf andere abwälzen und somit die Dissonanz absenken. Bei hohen Verlusten heißt es dann: »*Die anderen haben es doch genauso gesehen wie ich, also kann ich ja nicht ganz dumm gewesen sein*« oder »*die Spekulanten sind an allem schuld*«.

Ist eine Anlage im Plus bewirkt das Gegenstück zur Regretaversion, der Pride-Effekt, dass Gewinne zu früh realisiert werden. Denn Gewinne, die man sich selbst als Erfolg zuschreiben kann, werden höher bewertet als Gewinne, die man nicht selbst zu verantworten hat.

Die Folgen des Pride-Effekts zeigen sich am folgenden Beispiel: Ein Anleger erwirbt die Siemens-Aktie zum Preis von 60 Euro. Der Aktienkurs bewegt sich allerdings lange Zeit kaum, und der Anleger zieht in Betracht, die Aktie zu verkaufen und das Geld in eine aussichtsreichere Anlage zu investieren. Schon seit Monaten beobachtet er, dass die Puma-Aktie von einem Kurshoch zum anderen springt. Dennoch kann er sich noch nicht zu einem Verkauf durchringen: »Wenn ich heute die Siemens-Aktie verkaufe und morgen kommt der erwartete Kurssprung, auf den ich so lange gewartet habe, dann ärgere ich mich zu Tode« (Regretaversion). Aufgrund der langen Anlagedauer der Siemens-Aktie identifiziert sich der Anleger immer stärker mit seiner Aktie, demzufolge hat seine Entscheidung ein hohes Commitment (siehe S. 47 ff.). Deshalb würde ein späterer entgangener Gewinn als besonders schmerzlich empfunden werden. Dass diese Beweggründe wenig vernünftig sind, ist klar. Eine Entscheidung, eine Aktie weiter zu halten, sollte natürlich nicht davon abhängen, ob man sich womöglich ärgern wird, wenn sie nach dem Verkauf steigt. Häufig geht dieses Verhalten mit der Vorstellung einher, alles im Griff zu haben – dann kommt die Kontrollillusion ins Spiel.

4.3.2.4. Kontrollillusion

4.3.2.4.1. Einführung

Anleger sind immer dann aktiv und risikobereit, wenn sie das Gefühl haben, die Situation unter Kontrolle zu haben[18]. Der Börsenspezialist Joachim Goldberg sagt dazu: *»Die Menschen haben das grundsätzliche Bedürfnis, ihre Zukunft unter Kontrolle zu*

---

[18] Asymmetric Self Attribution kennzeichnet die Tendenz von Entscheidern, Erfolge eigenen Leistungen, Misserfolge jedoch der Situation (dem Zufall, dem Markt, den Ratgebern etc.) zuzuordnen. Entscheider gewinnen für sich den Eindruck, sie könnten eine mit Risiko oder Ungewißheit behaftete Situation steuern (»im Griff haben«); positive Erfahrungen führen zu Overconfidence bzw. Asymmetric Self Attribution. Die subjektive Wahrnehmung von Kontingenzen zwischen Handlung und Konsequenzen (»kognizierte Kontrolle«) kann auch illusionären Charakter an-

haben.« Um uns der Kontrollillusion zu nähern, sollten wir uns das Verhalten der Anleger während der New Economy Aktienhausse in den Jahren von 1997 bis 2000 ansehen. In diesen Jahren waren Börsenerfolge eher die Regel als die Ausnahme. Jeder Anleger fühlte sich als der größte »*Investor der Welt*«, Risiken wurden kaum noch wahrgenommen. Dabei führte die Euphorie über Börsenerfolge zu einer solidarischen Kontrollillusion.

Im Hype des Neuen Marktes war es scheinbar egal, welche Aktien man kaufte – man brauchte sie nur im Depot zu verwahren, um Gewinne zu erzielen. Dann kam quasi über Nacht der Crash. Prognosen von Analysten und Fondsmanagern stellten sich reihenweise als falsch heraus, einstige Börsenstars wie Brokat, Infomatec oder Kabel New Media trudelten in die Insolvenz. Für die Anleger, die die ganze Zeit davon überzeugt waren, die Lage im Griff zu haben, war es der mentale Super-GAU, der totale Kontrollverlust. Folge des Kontrollverlusts ist Agonie. »*Die Anleger verfallen in eine Art Angststarre. Sie wissen nicht, was richtig und was falsch ist, und tun gar nichts mehr*«, erklärt dazu der Börsenpsychologe Hartmut Kiehling. Aber wie kommt es zu solchen Masseneuphorien, zu Spekulationsblasen und, als ihre Folge, die Panikverkäufe? Die Antwort ist ganz einfach: Durch die Kontrollillusion und deren Folgen.

4.3.2.4.2. Kontrollillusion und ihre Folgen

Nach der Kontrolltheorie ist das Kontrollbedürfnis eines Menschen eine seiner grundlegenden Motivationen für sein Denken und Handeln. Nach dieser Theorie ist die Ausübung von Kontrolle eine der wichtigsten Quellen für das psychische und physische Wohlbefinden. Dabei beeinflusst sie vor allem das subjektive Erleben eigener Handlungsfähigkeit und damit die Selbstwahrnehmung und das Selbstwertgefühl positiv.

In welchem Ausmaß ein Mensch die Kontrolle bei sich (interne Kontrolle) verankert oder sein Schicksal von anderen Menschen gesteuert (externe Kontrolle) sieht, wird mit dem »Locus of Control« dargestellt. Vor allem erfolgreiche Menschen sollen einen internen »Locus of Control« besitzen, während weniger erfolgreiche Menschen glauben, an ihrer mißlichen Lage nichts andern zu können.

---

nehmen: Es werden Kontrollmöglichkeiten wahrgenommen, die in Wirklichkeit gar nicht existieren (»Kontrollillusion«).

An dieser Stelle soll nun gezeigt werden, was unter interner Kontrolle zu verstehen ist. Zu diesem Zweck werden die fünf wichtigsten Kontrollvarianten vorgestellt.

1. Kontrolle durch Beeinflussung: Wer den Eindruck hat, den Lauf der Dinge maßgeblich selbst beeinflussen zu können, erlebt die stärkste Form von Kontrolle, die überdies das Kontrollbedürfnis restlos befriedigt.
2. Kontrolle durch Vorhersage: Sind Ereignisse zu einem gewissen Grad prognostizierbar, kann sich der Anleger darauf einstellen und seine Handlungen so ausrichten, dass die Ereignisse für ihn möglichst angenehm ausfallen werden.
3. Kontrolle durch Kenntnis der Einflussgrößen: Hier ist sich der Anleger lediglich der Faktoren bewusst, die ein bestimmtes Ereignis bedingen, ohne dass er auf dessen Eintritt oder Ausgang in irgendeiner Form Einfluss nehmen könnte. Aber allein dieses Wissen versetzt ihn in die Lage, seine eigene Situation beurteilen zu können, und mindert somit das Gefühl der Hilflosigkeit.
4. Nachträgliches Erklären von Ereignissen: Hiermit ist gemeint, dass ein Anleger ein Ereignis zu erklären versucht, nachdem es eingetreten ist. Besonders wichtig ist aber, dass aus der Erklärung des bereits Geschehenen Erkenntnisse über künftige, ähnliche Ereignisse gewonnen werden. Dies ist notwendig, um künftige, vergleichbare Situationen unter Kontrolle zu haben.
5. Kontrolle durch Schönfärberei: Bei dieser schwächsten Kontrollvariante handelt es sich um die Fähigkeit, mögliche negative Folgen des eigenen Handelns zu bagatellisieren. Diese Art der Kontrolle wenden Anleger an, die ein unangenehmes Ereignis sehr schnell vergessen oder ihre Gedanken konsequent auf dessen wenige positive Aspekte lenken möchten. Gleichfalls gelingt es dem Anleger auch, dem Schicksalsschlag einen Sinn zu geben: »*Jetzt weiß ich, wofür das gut war und was ich beim nächsten Mal besser machen werde.*«

Typisch für das Anlageverhalten an den Finanzmärkten ist vor allem die dritte Kontrollvariante, bei der man Ursachen, Einflüsse und Faktoren einer bestimmten Situation zu erkennen versucht, um sich auf künftige, ähnliche Ereignisse besser einstellen zu können. Hierbei sind drei Faktoren wichtig: Die Höhe und das jeweilige Vorzeichen der Geldbeträge, die zur Disposition der Entscheidung stehen, die Unsicherheit über die Folgen einer Entscheidung (Ambiguität[19]), die Kompetenz des Anlegers bei Investitionsentscheidungen. Außerdem ist entscheidend, ob die Folgen verschiedener Entscheidungen einzeln oder als Ganzes wahrgenommen werden.

Die erste Bestimmungsgröße bei einer Entscheidung ist die Höhe der Geldbeträge, die investiert werden sollen. Bei extrem niedrigen Einsätzen hat der Anleger eher das Gefühl, die Situation unter Kontrolle zu haben. Risiko wird dann leichter hingenommen.

Wenn beispielsweise ein Anleger, der bisher nur in europäische Werte investiert hat, erwägt, asiatische Nebenwerte zu erwerben, wird er dies eher tun, wenn es sich bei dem Investment nur um einen geringen Betrag handelt. Dann handelt er nach dem Motto: »*Ich will einfach einmal etwas riskieren.*« Eine solche Anlage hat dann eher den Charakter eines Spieles – mehr Geld aufs Spiel zu setzen würde für den Anleger nicht in Frage kommen.

Dagegen hat die Investiton großer Beträge starke Auswirkungen auf das Kontrollgefühl. Das gilt nicht nur bei Anlageentscheidungen. Denken sie beispielsweise an einen möglichen Haftpflichtschaden, der ohne Absicherung durch eine Versicherung zu so hohen Zahlungen führen kann, dass damit lebenslang eine erhebliche Verringerung des Wohlstands verbunden ist. In eine derartige Situation will natürlich niemand geraten, deshalb schließen die meisten Menschen gegen diesen möglichen Schaden eine Versicherung ab – und damit stellt sich dann das Kontrollgefühl wieder ein.

Eine weitere wichtige Bestimmungsgröße bei einer Entscheidung ist die Kompetenz des Anlegers. Glaubt der Anleger, die wichtigsten Einflussfaktoren auf seine Investmententscheidung zu kennen und ist er in der Lage, Wahrscheinlichkeiten anzugeben, die keine Ambiguität aufweisen – also über eine hohe Verlässlichkeit verfügen – so ist er davon überzeugt, alles im Griff zu haben.

Hat der Anleger nur eine geringe Kompetenz und kann er nur vage Wahrscheinlichkeitsaussagen machen, wächst seine Befürchtung, die Situation nicht unter Kontrolle zu haben. Dieses Kontrolldefizit empfinden die meisten Anleger als unangenehm, weshalb sie nicht kontrollierbaren Situationen lieber aus dem Wege gehen (»Ambiguitätsaversion«). Nur dann, wenn der eingesetzte Betrag gering ist und damit die Ver-

---

[19] Ein Entscheidungsträger bevorzugt die Situationen, in denen er sich ein klares Bild von den Eintretenswahrscheinlichkeiten machen kann, gegenüber solchen mit einer Unklarheit bezüglich der Wahrscheinlichkeiten.

lustrisiken überschaubar sind, wird der eine oder andere Anleger doch noch in eine riskante Anlage investieren. Je höher aber der zu investierende Betrag ausfällt, desto höher wird auch das auf mangelnde Kompetenz zurückgehende Kontrolldefizit.

Die dritte und zugleich wichtigste Bestimmungsgröße wird dann wirksam, wenn sich eine risikobehaftete Situation wiederholt.

> „Ein Beispiel für eine solche Situation wäre ein Münzwurfspiel, bei dem man bei Kopf (d.h. mit 50% Wahrscheinlichkeit) einen Gewinn von 110 DM erreicht und bei Zahl (ebenfalls 50% Wahrscheinlichkeit) einen Verlust von 100 DM. In diesem Fall ist alles bekannt, was für eine Entscheidung von Bedeutung sein könnte, sodass das Risiko exakt eingeschätzt und somit kontrolliert werden kann.
>
> Noch günstiger erscheint die Lage, wenn bekannt ist, dass sich die Entscheidungssituation in näherer Zukunft häufig wiederholen wird. So stelle man sich beispielsweise vor, dass das obige Münzwurfspiel 100-mal gespielt werden darf. In diesem Fall würde jemand, der die Wahrscheinlichkeitsrechnung beherrscht, nach dem Gesetz der großen Zahlen erkennen, dass man mit einer hohen Anzahl von Ausspielungen nahezu mit Sicherheit den jeweiligen Erwartungswert des Spiels erhält. Demnach würde ein Teilnehmer bei einer 100fachen Ausspielung den Betrag von ca. 500 DM nahezu ohne Risiko gewinnen.“[20]

Aus diesem Beispiel wird deutlich, dass mit zunehmender Anzahl von Ausspielungen die Risiken kompensiert werden. Damit vermindert sich das Kontrolldefizit. Es ist aber entscheidend, ob der Spieler die Ausspielungsergebnisse der Serie einzeln oder als Gesamtes wahrnimmt. Führt er die Ergebnisse aller Ausspielungen auf einem einzigen mentalen Konto zusammen (»Integration«), so ist sein Kontrolldefizit bei einer großen Anzahl von Spielen geringer als bei dem Spieler, der jedes Spiel gesondert bewertet (»Segregation«).

Für die Kapitalmärkte bedeutet das, dass diejenigen Anleger das geringste Kontrolldefizit spüren, die ihre Performance nur innerhalb größerer Zeitabstände bewerten. Anleger dagegen, die sich den zum Teil hohen täglichen Kursschwankungen aussetzen, werden die Risiken als viel größer empfinden und eher das Gefühl haben, den Märkten hilflos ausgeliefert zu sein.

Dieses Kontrolldefizit, das auf vielfältige Weise erzeugt werden kann, führt als letzte Konsequenz zur Kontrollillusion. Dann bilden sich die Anleger ein, sie seien »*Herr der Lage*«, wobei sie die Situation nicht mehr unter Kontrolle haben. Dann werden Kontrollmöglichkeiten wahrgenommen, die gar nicht vorhanden sind. So sind sich die wenigsten Anleger darüber im Klaren, wie wenig sich das Kursgeschehen vorher-

---

[20] Goldberg, Joachim und Nitzsch, Rüdiger v.: Behavioral Finance. Gewinne mit Kompetenz. Finanzbuchverlag. München, 2. Auflage 2000, S. 145

sagen lässt. Im Gegenteil glauben viele volkswirtschaftlich oder technisch orientierte Analysten, mittels eigener Prognosen die Märkte fest im Griff zu haben. Denn Vorhersagen vermitteln das Gefühl, den Markt kontrollieren zu können. Und je logischer sie zusammengestellt sind, desto höher wird die Eintrittswahrscheinlichkeit eingeschätzt.

Zudem neigen Anleger dazu, ein übermäßiges Vertrauen in die eigenen Fähigkeiten (in diesem Fall sind es die eigenen Prognosen) zu setzen. Dabei gilt: Je größer das Selbstvertrauen, desto eher besteht die Gefahr der Selbstüberschätzung. Damit nimmt die Kontrollüberzeugung – also die Überzeugung, die Situation zu kontrollieren – merklich zu. Demnach gehen Anleger davon aus, dass sie selbst zu einer gültigen Vorhersage kommen können. Wird diese Erwartung bestätigt, steigert sich das Selbstbewusstsein weiter.

Hat ein Anleger z.B. ein paar Mal hintereinander ein erfolgreiches Investment getätigt, so fängt er an, seine Fähigkeiten zu überschätzen und übernimmt Risiken, vor denen er zuvor zurückgeschreckt wäre, und zwar aus dem Gefühl, die Situation zu kontrollieren. Die Kontrollillusion führt also zu einer ausgeprägten Selbstüberschätzung und Realitätsferne, und dies ist an den Aktienmärkten eine äußerst gefährliche Mischung. Um ihr nicht zu verfallen, gibt es eine Vielzahl von Börsenweisheiten, wie: »*Die Zukunft wird denjenigen gehören, die hinter der Oberfläche der Realität die Wirklichkeit erkennen.*«

Eine Frage muss noch diskutiert werden: Was passiert, wenn der Anleger merkt, dass er die Situation nicht mehr unter Kontrolle hat? Diese Erkenntnis kann zu schwerer Frustration und Verunsicherung, zu Angst oder sogar Panik führen. Tritt Kontrollverlust auf, gibt es für den Anleger zwei Möglichkeiten zu reagieren. Er kann sich an jemanden wenden, der offensichtlich noch Herr der Lage ist – üblicherweise ein bekannter Analyst, dessen Prognosen in der Vergangenheit häufig eingetroffen sind. Dadurch fühlt sich der Anleger dem Marktgeschehen weniger ausgeliefert, das Kontrollgefühl stellt sich wieder ein.

Eine zweite Möglichkeit ist, sich Gleichgesinnte zu suchen. Der Anleger ist dann nicht mehr alleine mit seiner Angst, durch den Meinungsaustausch in der Gruppe entsteht die so genannte »Illusion of validity«, die gleichfalls das Kontrollgefühl für den Anleger wiederherstellt, denn »*schließlich können sich so viele nicht irren*«.

Ein Anleger erlebt beispielsweise dann einen Kontrollverlust, wenn er nach einer langen Phase anhaltender Gewinne glaubte, den Markt fest im Griff zu haben, und deshalb immer größere Engagements eingegangen ist (erste Phase der Hausse am Neuen Markt). Doch dann läuft alles gegen ihn (Beginn des Crashes am Neuen Markt), das Gefühl des sicheren Erfolges entpuppt sich als Kontrollillusion. Dazu kann kommen, dass sich der Anleger diesen überraschenden Kusrverlust auch rückwirkend nicht erklären kann. Zudem häufen sich immer mehr widersprüchlichere Informationen. Um seine Aktienanlagen zu retten und um die Kontrolle vermeintlich zurückzugewinnen, reagiert der Anleger nach dem Leitsatz: »*Jetzt erst recht!*« Die Folge ist, dass er seine im Wert gefallene Aktie nachkauft, um den Einstandspreis zu reduzieren. Erst wenn deutlich wird, dass diese Aktion nicht zum gewünschten Erfolg führt und sich die Lage immer weiter verschlechtert, folgt der Rückzug aus den Engagements.

Eine weitere Folge der Kontrollillusion ist, dass sich das Risikoverhalten der Investoren ändert, weil sich der Blickwinkel zu den Investments ändert. Denn das Gefühl der Kontrolle macht den Anleger glücklich. Doch leider gilt auch hier der Spruch von Cicero: *»Das Glück ist blind.*« Der Anleger ist also gegenüber Risiken seiner Anlage blind. Wie weit diese Blindheit gehen kann, sehen wir uns im nächsten Abschnitt an.

4.3.3. Risikoverhalten

Nach der ökonomischen Theorie meiden Anleger generell das Risiko. Doch in der Praxis ist dies weitaus komplizierter. Schließlich ist die richtige Risikoeinschätzung seit jeher ein wichtiges Mittel im Daseinskampf. Nicht umsonst stellte schon Friedrich Schiller fest: »*Wer nichts waget, der darf nichts hoffen.*«

Zur Risikoeinschätzung gibt es zwei Strategien. Die eine basiert auf rationalen, wohlüberlegten Entscheidungen, nach der anderen wird kurzfristig und intuitiv gehandelt. Gerade die letztgenannte Strategie ist anfällig für emotionale Fehlschlüsse. Diese sind an der Börse umso verheerender, je mehr Anleger diese Fehlschlüsse vollziehen. Das Risikoverhalten an der Börse ist eines der zentralen Kriterien, an denen sich starke von schwachen »Händen«, ruhige von volatilen Börsenzeiten abgrenzen lassen. Außerdem schwankt die Risikobereitschaft der Anleger im Zeitablauf. So führt beispielsweise eine positive Stimmung der Anleger zu einer erhöhten Risikobereitschaft, die Katerstimmung nach einem Börsencrash zu einer deutlichen Abnahme der Risikobereitschaft. Dennoch lassen sich verschiedene Anlagetypen in Bezug auf die Risikobereitschaft bestimmen.

So wird ein Anleger als risikoavers bezeichnet, wenn er einen sicheren Geldbetrag einem unsicheren auch dann nicht vorzieht, wenn dessen mathematischer Erwartungswert in etwa dem sicheren Betrag entspricht. Mathematisch gesehen sind sichere 1000 Euro genauso viel wert, wie eine 20-%-ige Chance auf 5000 Euro. Risikoaverse Anleger würden diese Chance allerdings nicht annehmen. Umgekehrt gibt es auch Anleger, die immer unter den gewählten Alternativen die risikobehaftetere auswählen. Solche Anleger werden als risikofreudig bezeichnet.

Die Risikolust eines Anlegers fällt höher aus, wenn er glaubt, dass er sein Leben durch die eigenen Anstrengungen und Fähigkeiten positiv beeinflussen kann (»externale Kontrollüberzeugung«). Solche Anleger akzeptieren höhere Risiken, wenn sie das Risiko für kontrollierbar halten. Drohende Verluste, die weit in der Zukunft liegen, erscheinen weniger bedrohlich als unmittelbar bevorstehende, d. h., dass die Anleger bei ihren Entscheidungen die in der Zukunft zu erwartenden Verluste weniger berücksichtigen, als die erhofften kurzfristigen Gewinne. Zudem sind erfahrene Anleger risikofreudiger als unerfahrene, Männer in der Regel risikofreudiger als Frauen. Des weiteren haben Untersuchungen gezeigt, dass Haushalte mit einem geringen Vermögen riskantere Anlagen tätigen als vermögendere Haushalte. Auch die Nationalität spielt für die Risikoexposition eine wichtige Rolle. Demnach sind Chinesen zum Beispiel risikofreudiger als Amerikaner.

Das Risikoverhalten der Anleger hängt ebenfalls von der Art der verfügbaren Informationen ab. So kann man in Experimenten zeigen, dass die meisten Versuchspersonen in einem als schüchtern beschriebenen Menschen eher einen Bibliothekar denn einen begeisterten Tänzer vermuten. Dabei missachten die Versuchspersonen die Verteilung der betreffenden Eigenschaften in der Grundgesamtheit der Menschheit. Dementsprechend gibt es statistisch gesehen mehr begeisterte Tänzer als Bibliothekare. Insofern ist es objektiv wahrscheinlicher, dass auch eine schüchterne Person ein begeisterter Tänzer sein kann.

Diese grundlegende Fehleinschätzung der Versuchspersonen ist mit der Neigung des Menschen zu erklären, die Wahrscheinlichkeit für einen bestimmten Umstand von einem bereits bekannten Umstand abzuleiten. Auch Anleger versuchen Informationen, die sie erhalten, mit anderen bereits bekannten Tatsachen abzugleichen.

Rücken z.B. Gewinnmöglichkeiten im Laufe einer Börsenhausse in den Vordergrund der Wahrnehmung der Anleger, so steigt die Attraktivität von Kaufalternativen an, während das Korrektiv der dazugehörigen Risikoeinschätzung zurücktritt. Dagegen steht im Laufe einer Börsebaisse die Risikoeinschätzung im Mittelpunkt der Betrachtung. Sie wird dann zum übermächtigen Entscheidungskriterium, der Anleger baut seine Aktienpositionen ab, und übersieht die Attraktivität von Kaufentscheidungen.

Diese Ausführungen sollen aber nicht zu dem Schluss verleiten, dass Menschen generell jedes Risiko scheuen. Vielmehr suchen sie bei ihren Entscheidungen Sicherheit. Müssen Entscheidungen getroffen werden, so werden diejenigen vorgezogen, für die die Konsequenzen gut eingeschätzt werden können. Im Umkehrschluss meiden Menschen Situationen, für die sie die Konsequenzen nicht abschätzen können (»Ambiguitätssituation«). Diese Ambiguität wird als zusätzlicher Risikofaktor empfunden und auch am Markt mit Preisabschlägen bedacht. Daher sind Anleger auch bereit, für die Vermeidung von Ambiguität zu zahlen. Ein wesentlicher Grund für die Tendenz zur Ambiguitätsvermeidung liegt in der Befürchtung, sich für die betreffenden Entscheidungen rechtfertigen zu müssen. So deuten empirische Befunde darauf hin, dass die Ambiguität mit dafür verantwortlich ist, dass es Anleger vermeiden, mit Verlust zu verkaufen (»Loss Aversion«).

Auch der Framing-Effekt beeinflusst die Bewertung von Informationen. Das Entscheidungsverhalten der Anleger ist von der Darstellung des jeweiligen Sachverhaltes, also des Rahmens (frame), abhängig. So kann die unterschiedliche Präsentation ein und desselben Sachverhaltes verschiedene Entscheidungen hervorrufen. Verdeutlicht werden kann der Framing-Effekt durch ein Experiment. Zwei Gruppen von Medizinstudenten wird der gleiche Sachverhalt in unterschiedlicher Verpackung präsentiert. Der ersten Gruppe wird gesagt, dass die Überlebenswahrscheinlichkeit des Patienten bei einem bestimmten Eingriff bei 99 % liegt. Der anderen Gruppe wird die Sterbewahrscheinlichkeit des Eingriffes mit 1 % angegeben. Die Bereitschaft, die Operation durchzuführen, ist zwischen beiden Gruppen signifikant unterschiedlich. Die Gruppe, die mit der Überlebenswahrscheinlichkeit konfrontiert wurde, ließ eine höhere Bereitschaft zur Durchführung der Operation erkennen als die Gruppe, die mit der Sterbewahrscheinlichkeit konfrontiert wurde. Die Entscheidung differierte offensichtlich in Abhängigkeit von der Darstellung des Problems.

An den Finanzmärkten hat die Darstellung von Anlagealternativen ebenfalls einen erheblichen Einfluss auf die Entscheidung der Anleger. Je nach dem, in welcher Form bestimmte Kapitalanlagen dargestellt werden, ergeben sich unterschiedliche Ergebnisse für das Anlageverhalten, wie eine Befragung zeigt.

Wurde den Anlegern von ihren Kundenberatern die Frage gestellt, in welchem Verhältnis sie ihre Ersparnisse auf Renten und Aktien aufteilen wollen, so entschieden sie sich im Durchschnitt für ein Verhältnis von 60 % für Renten und 40 % für Aktien. Wurde die Frage jedoch so umformuliert, dass die Anleger nach dem Verhältnis der Aufteilung auf Renten, inländische und ausländische Aktien befragt wurden, dann verminderte sich der Rentenanteil auf 50 % und der Anteil der Aktien erhöhte sich auf 50 %, wobei 30 % auf inländische und 20 % auf ausländische Aktien entfielen. Die Darstellung der Anlagealternativen beeinflusste demnach das Anlageverhalten der Anleger. Der Framing-Effekt lässt sich in einer Vielzahl von finanziellen Entscheidungssituationen nachweisen.

Ebenso ist zu beobachten, dass offensichtliche Risiken ignoriert und sogar sehr hohe Risiken eingegangen werden, dass Menschen gedankenlos handeln und elementare Vorsichtsmaßnahmen missachten. Diese Sorglosigkeit ist erlernt und wird verstärkt, wenn ohne großen Aufwand Erfolge erzielt werden können bzw. risikoreiches Verhalten ohne negative Überraschungen bleibt. Je häufiger und intensiver solche Erfahrungen gemacht werden, desto sorgloser werden die Menschen. Diese Sorglosigkeit steuert die Wahrnehmung, sodass die eingehenden Informationen entsprechend gefiltert und interpretiert werden. Sorglosigkeit ist auch ein soziales Phänomen. Wenn Menschen beobachten, wie andere mit sorglosem Verhalten Erfolg haben, so ahmen sie dieses nach.

Um diese Sorglosigkeit möglichst lange zu erhalten, entwickeln die Menschen ausgedehnte Vermeidungs-, Verleugnungs- und Verdrängungsmechanismen. Folgerichtig werden konträre Informationen vermieden, indem nach bestätigenden Informationen gesucht wird und vor allem zu solchen Personen Kontakt gehalten wird, die die eigene Sorglosigkeit teilen. Weiterhin werden unbequeme Informationen vermieden. Letztendlich führt dies zu Lähmung bei der Entscheidungsfähigkeit. Dazu tragen eine Vielzahl von psychischen Mechanismen bei. Einer dieser Mechanismen ist Überoptimismus, der in dem Motto »*Mir wird schon nichts passieren*« zum Ausdruck kommt. Es kommt also zu einem mehr oder minder stark ausgeprägten Realitätsverlust. Hierzu trägt auch die bereits beschriebene Kontrollillusion bei.

Sorglosigkeit tritt an den Finanzmärkten häufig auf. So sagte schon der Börsenphilosoph Andre Kostolany: »*Wer beim ersten Mal gewinnt, hat für immer verloren.*« Dabei spielen gruppendynamische Prozesse eine wichtige Rolle. Gerade Börsenprofis bestärken sich gegenseitig in ihren Haltungen. So ist die Finanzgeschichte gespickt mit Fällen, die zeigen, dass aus Sorglosigkeit Millionen verloren werden können. Einige Beispiele sind der Konkurs des Bankhauses Herstatt, der Beinahe-Bankrott der Metallgesellschaft oder der Zusammenbruch des amerikanischen Hedge-Fonds LTCM.

Noch fataler ist es, wenn nicht nur einzelne Anleger sondern ganze Märkte in der letzten steilen Phase eines Booms in Sorglosigkeit verfallen. Grund für diesen Effekt sind die hohen Gewinne, die dann vermeintlich jedem winken. Mit ihnen steigt auch der Anteil der unerfahrenen Marktteilnehmer, die nur die Hochzeiten der Börse kennen. Eine weitere wichtige Rolle für die Ausbildung von Sorglosigkeit an den Finanzmärkten ist aber auch die Nachahmung von Entscheidungen durch die Anleger, die im nachfolgenden Abschnitt näher beleuchtet wird.

4.3.4. Nachahmung

Besonderes an der Börse gilt, dass Entscheidungen selten einsam getroffen werden. Die meisten Anleger orientieren sich bei ihrer Entscheidungsfindung gerne an anderen.

4.3.4.1. Soziale Imitation

Soziale Imitation ist ein Vorgang, den die Lernpsychologie ausführlich untersucht hat. Man versteht darunter die Übernahme zuvor unbekannter komplexer Verhaltensweisen. Dabei gibt es eine Fülle von Umständen, die die soziale Imitation fördern. So werden statushöhere Menschen eher nachgeahmt als statusniedrigere. Die Übernahme wird um so wahrscheinlicher, je größer die Lernmotivation ist, aber auch das Aktivierungs- und Erregungsniveau des Beobachters sowie die Ähnlichkeit zwischen Beobachter und Beobachteten spielen eine Rolle. Wird eine Verhaltensweise verstärkt, so tritt sie in der Folge mit einer größeren Wahrscheinlichkeit auf. Als Verstärker wirken beispielsweise Börsengewinne.

So stellen viele Anleger ihre Aktiendepots nach Börsenspielen oder Musterdepots zusammen. Dabei werden die Musterdepots, die besonders erfolgreich sind, besonders häufig nachgeahmt.

Persönlichkeitsabhängig neigen Menschen mehr oder weniger stark dazu, sich – auch wider besseren Wissens – einer Mehrheitsmeinung anzuschließen. Gerade an den Börsen findet eine starke Beeinflussung durch Medien, Vorbilder und die Umgebung des Anlegers statt.

Haben Menschen die gleichen Einstellungen, Erwartungen, Informationsquellen und einen hohen Konformationsdruck (beispielsweise durch Sachzwänge), so werden sich diese Menschen ähnlich verhalten, obwohl sie eine andere Meinung vertreten. Genau das passiert an den Aktienmärkten, meistens am Ende einer Hausse. Dann werden die Erwartungen gleichartig und die Aktienkurse weisen eine erstaunliche Unempfindlichkeit gegenüber Nachrichten auf, auf die sie kurz zuvor noch stark reagiert hätten, wie zum Beispiel Gewinnwarnungen.

4.3.4.2. Gruppenentscheidungen

Anlageentscheidungen sind meistens auch Gruppenentscheidungen, weil die Anleger bei ihren täglichen Anlageentscheidungen in einem Spannungsverhältnis verschiedener Gruppen (Medien, Bekannte) stehen. Dies gilt insbesondere für Grundsatzentscheidungen wie die Veränderung der Strategie oder des Portfoliospektrums.

Gruppenentscheidungen unterliegen dabei zwei gegensätzlichen Tendenzen. Einerseits erhöhen sie den subjektiven Glauben an die Richtigkeit der Entscheidung. So werden drohende Risiken in kollektiver Fehleinschätzung »weggelacht.« Zusätzlich führt gerade diese subjektive Sicherheit dazu, dass Informationen nicht beachtet werden, die der Mehrheitstendenz widersprechen. Es entsteht also eine Art »kollektive Dummheit«. Dieses Verhalten wird durch die »Polarisierungsthese« beschrieben. Demnach nimmt die Polarisierung zu, je größer die Gruppe wird, d. h., dass größere Gruppen in der Regel risikoreichere Entscheidungen treffen als kleinere. Werden Gewinne erwartet, so tendieren Gruppen zu einem höheren und bei Verlusten zu einem geringeren Risiko als Einzelpersonen. Solche Tendenzen nehmen im Laufe der Diskussion innerhalb der Gruppe noch zu.

Entstehen dagegen Gruppenentscheidungen durch Nachahmung, so werden an sich vernünftige Einzelentscheidungen häufig unvernünftig. Ein solch soziales Dilemma wird nicht erkannt, wenn viele Personen beteiligt sind und die Kommunikation zu ihnen eingeschränkt ist. Aufgrund dessen sind Gruppenentscheidungen an der Börse häufig auch sehr fehlerhaft.

Ein Beispiel hierfür sind die in Börsenzeitschriften publizierten Musterdepots. Auch hier findet eine eingeschränkte Kommunikation statt, weil der Anleger nur von der Zeitschrift Informationen zu den Aktien bekommt. Die Zeitschriften veröffentlichen diese Depots, um die Leser an sich zu binden. Deswegen werden die Aktien im Depot häufig gewechselt. Man kann sich das Wesen eines Musterdepots so vorstellen, wie eine Seifenoper im Fernsehen. Am Schluss jeder »Folge« muss so viel neues Interesse geweckt werden, dass der Zuschauer auch die nächste Folge wieder ansieht – oder eben die nächste Ausgabe der Börsenzeitschrift kauft.

Mit dem Aktienboom des Jahres 2000 veränderte sich auch die Börsenberichterstattung im Radio, Fernsehen und den Printmedien. Waren Börsennachrichten bis dahin kaum mehr als eine Randnotiz der täglichen Nachrichten, nahmen sie plötzlich in Form von eigenen Fernsehsendungen und Zeitschriften einen breiten Raum ein. Verantwortlich dafür war sicherlich das entstandene Informationsbedürfnis der Kleinanleger, die – oftmals aus Mangel an eigenem Fachwissen – auf die Informationen der Medien zurückgriffen. Gerne nahmen die Anleger dabei die Empfehlungen im Anspruch, die zum Kauf oder Verkauf bestimmter Aktien rieten. Allerdings stellte sich in einer Untersuchung von Peter von der Lippe und Andreas Kladroba[21] heraus, dass ca. 40 % der Aktienempfehlungen zu einem Verlust führten. Andere Untersuchungen kamen sogar zu einem noch vernichtenderen Urteil. Dies zeigt, dass Anleger lieber ihr Geld für Börsenzeitungen sparen und sich selber sachkundig machen sollten.

Gruppenzwänge spielen im Crash eine größere Rolle als in einem aufwärts- oder seitwärts gerichteten Markt, denn Referenzpersonen tendieren im Kurssturz dazu, ihren Einfluss konsequenter auszuüben – und die allgemeine Unsicherheit der Marktteilnehmer macht sie empfänglicher für diese Art der Einflussnahme.

4.3.5. Stress

Psychologisch gesehen kann Stress als Empfinden eines bedeutenden Ungleichgewichtes zwischen Anforderungen und Fähigkeiten definiert werden. Stress wird als dreiteiliger Prozess verstanden: vom Stressstimulus über das Stressbewertende und -verarbeitende System bis hin zur Stressantwort. Zudem verändert Stress das Verhalten der Menschen gravierend und ist daher gerade in einer extremen Situation, wie z. B. bei einem Kurssturz an den Börsen, von großer Bedeutung.

In einem Aktienboom denken die Marktteilnehmer in immer stärkeren Maße in eine Richtung. Beginnen die Kurse an Höhe zu verlieren (»Phase: Stressstimulus«), so versuchen die Marktteilnehmer die Situation mit alten Rezepten zu bewältigen. Gelingt ihnen dieses nicht, so fühlen sie sich zunächst hilflos. Was dann folgt, ist meist eine Zeit der Inaktivität (»Phase: Stressbewertendes bzw. -verarbeitendes System«),

---

[21] Wirtschaftswissenschaften der Universität Essen November 2001

an deren Ende eine völlig veränderte Verhaltensweise tritt. Waren zuvor Wachstumswerte und Momentuminvestments gefragt, so setzen die Anleger nun verstärkt auf Substanz und Dividendenrendite (»Phase: Stressantwort«), d.h., statt Growth-Werten werden nun Value-Werte gekauft. Die Folge ist eine Schaukelbörse, die sich sehr stark vom konsistenten Trend der Boomperiode unterscheidet. Dies äußert sich darin, dass der Anleger eine Aktie, die lange Zeit gut gelaufen ist, verkauft, anstatt noch weitere Kursgewinne mitzunehmen.

Auch die Informationsaufnahme wird durch den Stress deutlich erschwert. Dies führt im Kurssturz zu einer paradoxen Situation. Einerseits stürzen auf den Anleger eine Vielzahl von Informationen ein, aber anderseits kann der Anleger unter Stress wesentlich weniger Informationen verarbeiten. Hierdurch kommt es zu einem Teufelskreis: Als wichtig erkannte Informationen, die nicht verarbeitet werden können, erzeugen neuen Stress, der wiederum die Kapazität der Informationsverarbeitung herabsetzt. Über kurz oder lang führt dies dazu, dass der Anleger in Lethargie verfällt und die Dinge hilflos beobachtet. An der Börse hört man in solchen Phasen oftmals den Spruch: »*Wer sich nicht selbst helfen kann, dem hilft niemand.*« Gerade in diesen Phasen entscheidet die Psyche eines Anlegers darüber, ob dieser gewinnt oder verliert.

Die Frage bleibt aber: Warum reagieren die Anleger so? In der ersten Phase eines Kurssturzes führt die Kontrollillusion dazu, dass viele Anleger nicht rechtzeitig genug handeln. Sie merken erst nach einiger Zeit, dass sich die Kurse völlig anders entwickelt haben, als sie es erwartet haben. Es stellt sich ein Gefühl der Hilflosigkeit ein. Der Anleger hat nun auch subjektiv den Eindruck, die Kontrolle über die Ereignisse verloren zu haben (»Kontrollverlust«). Typisch für solche Phasen ist auch, dass zentrale Informationsquellen des Anlegers Widersprüchliches verlauten lassen. Dann reicht der Sachverstand der meisten Börsenakteure nicht mehr aus, um den Börsenverlauf zu überschauen und sich eine eigene Meinung zu bilden.

Aber der Lähmungsreaktion im Stress wirkt die psychische Tendenz zum Befreiungsschlag entgegen. Triff eine spektakuläre negative Information (z. B. Gewinnwarnung) auf den Aktienmarkt, so baut sich bei den Anlegern ein innerer Spannungszustand zwischen Ärger und Aggression auf. Die Anleger suchen nun kurzfristig eine Erlösung aus diesem Spannungszustand und verkaufen die Aktie. Je länger der Anleger wartet, desto stärker werden seine Emotionen. Die Tendenz zum Befreiungsschlag kann durchaus positiv sein, wenn der Anleger seine Handlungsfreiheit damit wieder gewinnt.

4.3.6. Sucht

Der Psychologe Gerhard Meyer[22] hat nachgewiesen, dass Spekulationen an der Börse Elemente von Glückspielen aufweisen und süchtig machen können. Dazu zählen vor allem die »psychotropen Wirkungen«. Sie äußern sich als Nervenkitzel oder als euphorische Gewinnerwartung. So stellen sich bei einem positiven Ausgang einer Spekulation Wohlbefinden, Eurphorie, Machtfantasien und natürlich die Erwartung weiterer Gewinne ein. Bei einem negativen Ausgang folgen nicht selten Verzweiflung und Angst. In dieser Situation droht die Spielsucht.

Die Erinnerung an frühere positive Erlebnisse am Aktienmarkt treibt den erfolglosen Spekulanten sehr bald wieder an den Markt. Er ist dann bereit, höhere Risiken einzugehen als zuvor, um die erlittenen Verluste möglichst schnell wieder auszugleichen. Zusätzlich dient die neuerliche Aktivität am Aktienmarkt dazu, die Belastung aus diesen Verlusten auszublenden und stattdessen positive Erfahrungen zu machen. In einer solchen Situation bauen viele Anleger darauf, dass sie mit mehr oder weniger komplexen Strategien die Entwicklung des Marktes vorhersagen können. Solange der Anleger auf Grund der Marktentwicklung noch Hoffnung auf Gewinne hat, wird er seine Bemühungen verdoppeln und damit meist nur noch tiefer in den Abwärtsstrudel gezogen. Diese Illusion ist ein typisches Zeichen für eine Spielsucht.

Ein prominentes Beispiel für einen Spielsüchtigen ist der Devisenhändler Nick Leeson, der durch sein Bemühen einen entstandenen Schaden wieder auszugleichen rund 1 Mrd. Euro verspekulierte und damit die Londoner Investmentbank Baring Brothers ruinierte.

4.4. Die wichtigsten psychologischen Effekte im Überblick

In diesem Kapitel wurden die Schwächen von Anlegern insbesondere bei der Wahrnehmung und Bewertung von Informationen untersucht, die aus bestimmten psychologischen Bedürfnissen resultieren. Dabei stehen zwei Beweggründe im Vorder-

---

[22] Meyer schätzt, dass knapp zwei Prozent der rund 150.000 deutschen Spielsüchtigen ihrer Sucht an der Börse nachgehen.

grund: Zum einen möchte jeder Mensch seine eigene Lage und die der unmittelbaren Umwelt möglichst unter Kontrolle haben, zum anderen will er stets auf ein in sich schlüssiges System von Meinungs-, Glaubens- und Wissenseinheiten zurückgreifen können. Hierbei ist leicht einzusehen, dass das zweite Motiv das Erste bedingt. Denn eine Kontrolle auf der Basis widersprüchlicher Wahrnehmungen, Meinungen, Überzeugungen und Einstellungen scheint kaum möglich.

Darum ist es sinnvoll, alle in diesem Abschnitt dargestellten psychischen Effekte in einem größeren Zusammenhang zu betrachten. So haben Untersuchungen der Wirkungsmechanismen auf den Kapitalmärkten gezeigt, dass die Prozesse der Auswahl, Aufnahme und Verarbeitung von Informationen einen entscheidenden Einfluss auf die Erwartungsbildung und die Entscheidungsfindung der Anleger haben. Diese werden im nächsten Kapitel erläutert.

Gerade diese Prozesse führen dazu, dass es systematische Verhaltensmuster gibt, die von den durch die klassische Kapitalmarkttheorie postulierten Verhaltensannahmen signifikant abweichen. Für dieses Verhaltensmuster wird häufig der Terminus Verhaltensanomalien verwendet. Die Anomalien bestehen sowohl bei der Informationswahrnehmung als auch bei der Informationsverarbeitung und der Entscheidungsfindung. Da schon Georg Christoph Lichtenberg sagte: »*Ordnung ist die Tochter der Überlegung*« habe ich die wichtigsten Anomalien in den folgenden Tabellen nochmals dargestellt.

Tabelle 2: Informationswahrnehmungsanomalien

Verhaltensanomalie	Erläuterung
Selektive Wahrnehmung	Bei einem umfangreichen Informationsangebot werden vorwiegend nur die Informationen wahrgenommen, die den eigenen Vorstellungen bzw. Meinungen entsprechen. Informationen, die dazu im Widerspruch stehen, werden dagegen verdrängt oder vernachlässigt.
Verfügbarkeit	Informationen mit einem hohen subjektiven Verfügbarkeitsgrad werden tendenziell überbewertet. Dazu gehören z. B. aktuelle, leicht zugängliche, besonders auffällige und leicht verständliche Informationen.
Framing	Es besteht ein Zusammenhang zwischen der Einordnung von Informationen und der Art sowie dem Umfeld ihrer Wahrnehmung. So kann die Reihenfolge der Präsentation oder die Darstellungsweise einen maßgeblichen Einfluss auf die nachfolgenden Phasen des Entscheidungsprozesses haben.
Adaption von Massen- bzw. Autoritätsmeinungen	Es besteht eine Neigung, Referenzgruppen bzw. Meinungsführern zu folgen. Meinungen werden dabei auch oft entgegen der eigenen Überzeugung übernommen, um nicht im negativen Falle als Versager zu gelten. Tritt der negative Fall dennoch ein, kann man sich – vor sich und anderen – durch den Verweis auf den Experten rechtfertigen.

Risikowahrnehmung	Anleger neigen zu einer abnehmenden Risikosensivität bei länger anhaltenden Trends, die dann in bestimmten Situationen spontan umschlagen kann. So zeigen Anleger bei länger anhaltenden Kurssteigerungen zunächst eine abnehmende Risikoempfindung.

Tabelle 3: Informationsverarbeitungsanomalien

Verhaltensanomalie	Erläuterung
Vereinfachung von Sachverhalten	Um die Komplexität von Entscheidungssituationen zu reduzieren, werden Informationen, die zunächst nicht wichtig erscheinen, vernachlässigt. Dies kann zu falschen Schlussfolgerungen führen.
Mental Accounting	Menschen neigen dazu, ökonomisch zusammenhängende Sachverhalte zur Komplexitätsreduzierung mental zu trennen und dabei unterschiedliche Bewertungsmaßstäbe anzusetzen. Als Folge können ökonomisch gleichwertige Ereignisse unterschiedlich bewertet werden.
Verankerungseffekt	Schätzungen und Prognosen orientieren sich häufig zu stark an den Ausgangsdaten. Als Folge werden die Bandbreiten möglicher Abweichungen in der Regel zu eng gesetzt.
Referenzpunkteffekt	Gewinne und Verluste werden nicht absolut, sondern relativ zu einem Bezugspunkt, z. B. dem Einstandspreis, bewertet. Dabei werden Veränderungen nahe dem Referenzwert als bedeutsamer empfunden als gleiche Veränderungen in einem größeren Abstand.
Verlustaversion	Ein Verlust wird in der Regel stärker empfunden als ein Gewinn in gleicher Höhe.

Tabelle 4: Entscheidungsanomalien

Verhaltensanomalie	Erläuterung
Repräsentativität	Beschreibt die Neigung, individuelle Erfahrungen oder Ansichten unabhängig von ihrer tatsächlichen Relevanz als repräsentativ anzusehen. Als Folge können systematische Verzerrungen in den Entscheidungen entstehen.
Selbstüberschätzung/ Kontrollillusion	Menschen tendieren dazu, ihre Fähigkeiten zu überschätzen. Dies führt zu Nachlässigkeiten bei der Entscheidungsfindung, indem z. B. oft nur die Informationen einbezogen werden, die der Bestätigung einer bereits vorgefassten Meinung entsprechen. Die Selbstüberschätzung verstärkt sich dabei nach mehrmaligen (zufälligen) Erfolgen.
Kognitive Dissonanzen	Kognitive Dissonanzen sind mentale Konflikte, die beim Entstehen von Zweifeln über die Richtigkeit eigener Entscheidungen auftreten. Aufgrund starker mentaler Bindungen zu getroffenen Entscheidungen wird im ersten Moment versucht, die Informationen, die diese in Frage stellen, zu ignorieren bzw. Gegenargumente zu finden, was zu einer Reaktionsverzögerung führt.
Regretaversion	Beschreibt die Tendenz, im Zweifelsfall eher untätig zu bleiben, da die Enttäuschung über eine aktiv getroffene Fehlentscheidung stärker ist als über durch Passivität verursachte Konsequenzen mit dem gleichen ökonomischen Ausmaß.

Um sich mit der Psyche der Anleger und ihrem Einfluss auf das Verhalten auseinandersetzen zu können, erschien es mir zunächst wichtig, eine Bestandsaufnahme dessen zu geben, was an den Märkten alltäglich vorgeht. Dabei ging es in erster Linie um eine reine Beschreibung von Verhaltensweisen, wie sie jedem Einzelnen von uns immer wieder und jederzeit begegnen können – also um die Darstellung aller möglichen Effekte, die einem Anleger an der Börse erwartet. Vielleicht haben Sie ja auch an der einen oder anderen Stelle denken müssen. »*Dumm gelaufen! In diese psychische Falle bin ich auch getappt.*«

Muss man sich also bemühen, die Gefühle bei seinen Anlageentscheidungen zu unterdrücken? Nein: Erkennen und managen ist die bessere Alternative. Schließlich ist der Mensch nicht nur eine Denk-, sondern mindestens ebenso auch eine Gefühlsmaschine. Wer keine Gefühle bezüglich der möglichen Konsequenzen seiner Handlungen bzw. Entscheidungen empfindet, kann nicht mehr zwischen »richtig« und »falsch« unterscheiden.

Damit Sie ihre Gefühle und Stimmungen an der Börse besser managen können, werde ich im nächsten Kapitel die besprochen psychischen Effekte noch stärker in Hinblick auf ihre Relevanz für das Handeln an der Börse beleuchten – und einige Beispiele geben.

5. Behavioral Finance

Schon der Physiker Isaac Newton musste feststellen: *»Ich kann zwar die Bahn der Gestirne auf Zentimeter und Sekunden berechnen, aber nicht, wohin eine verrückte Menge einen Börsenkurs treibt.«* In dieser Aussage spiegelt sich die Erkenntnis wider, dass Anleger nicht immer rational handeln. Sie können Kurse in ungeahnte Höhen treiben, diese im nächsten Moment aber schon wieder in nie für möglich gehaltene Tiefen stürzen. Hierfür ist die Aktie der Computerunternehmung VA Linux Systems ein besonders schönes Beispiel.

Am 10. Dezember 1999 wurde die erst fünfjährige kalifornische Computerunternehmung VA Linux Systems in den Nasdaq-Handel eingeführt. Zum damaligen Zeitpunkt hatte das Unternehmen einen Jahresumsatz von 17,7 Mio. US-Dollar und einem Verlust von 14,5 Mio. US-Dollar. Trotzdem gelang VA Linux Systems ein spektakuläres Börsendebüt. Der Kurs des Nasdaq-Neulings wurde von den Anlegern am ersten Handelstag von 30 US-Dollar auf haarsträubende 239 US-Dollar katapultiert, erzielte damit einen Kurszuwachs von mehr als 698 % und einen Marktwert von über 9 Mrd. US-Dollar. Hinter dem Höhenflug des Titels von VA Linux standen die überzogenen Erwartungen, die in die frei zugängliche Betriebssoftware Linux gesteckt wurden. Als jedoch die Blase platzte, kam es – man kann es nicht anders nennen – zu einem »Kursmassaker«: Die Aktie fiel von 239 US-Dollar auf 3 US-Dollar! Das bedeutete für die meistens Anleger einen Verlust von über 98 Prozent.

Die Wirkung des Anlegerverhaltens auf den Markt arbeitet die Behavioral Finance heraus. Dabei analysiert sie das Anlegerverhalten und die daraus resultierenden Entwicklungen auf den Kapitalmärkten anhand von verhaltenstheoretisch geprägten Ansätzen. Hierbei greift die Behavioral Finance auf die Erkenntnisse der Psychologie zurück, und überträgt sie auf ökonomische Fragestellungen.

Sie beschäftigt sich dabei einerseits mit individuellen Verhaltensmustern und insbesondere mit Verhaltensanomalien, die im Anlageverhalten häufig beobachtet werden können. So ist bekannt, dass Anleger Wertpapiere, die sich in der Gewinnzone befinden, »zu früh« und Aktien in der Verlustzone »zu spät« verkaufen. Aber die Behavioral Finance untersucht auch Marktphänomene, deren Existenz mit den gängigen Finanztheorien nur schwer zu erklären ist. Darunter fällt beispielsweise eine Aktienhausse oder -baisse.

Die Berücksichtigung von psychologischen und verhaltenstheoretischen Faktoren soll dazu dienen, Handlungsmotive und -muster der Marktteilnehmer zu erklären und die sich daraus entwickelnden Marktentwicklungen und -phänomene zu verstehen bzw. zu erklären, denn »*wer sich selbst erkennt, hat die Chance erfolgreich zu agieren*«.

5.1. Strategie zur Bewältigung der Informationsflut

In Zeiten fortgeschrittener Informationstechnologie kann sich ein Anleger mit Informationen überhäufen lassen. Er kann ganztägig über Nachrichtensender und via Internet neue Informationen aufnehmen, zu vielen Aktienwerten gibt es eine Reihe von Analysen, Empfehlungen und Meinungen.

Darum steht der Anleger bei seinen Anlageentscheidungen immer vor dem Dilemma, entweder über zu wenige Informationen zu verfügen, um eine fundierte Entscheidung zu treffen, oder über zu viele Informationen. Im zweiten Fall ist der Anleger nicht mehr in der Lage, das Wesentliche vom Unwesentlichen zu trennen (Informationsüberfluss).

Ein Weg aus diesem Dilemma bieten Heuristiken an. Heuristiken sind einfache Urteilsstrategien, die bei unsicheren Entscheidungen angewendet werden können und schon eine Art Routine bei der Entscheidungsfindung darstellen. Sie zeichnen sich dadurch aus, dass sie mit nur geringem kognitivem Aufwand getroffenen werden. Heuristiken sind also nichts anderes als gedankliche Faustregeln zur Informationsverarbeitung, die mit geringem Aufwand zu einem schnellen Ergebnis führen, das dann aber möglicherweise nicht optimal ausfällt – denn obwohl Heuristiken bestimmten Systematiken folgen können sie je nach Situation zu deutlichen Abweichungen von einer rationalen Analyse der Informationen führen.

Sie vermindern zwar den Informationsaufwand, aber sie führen auch dazu, dass möglicherweise relevante Informationen nicht berücksichtigt werden und dass das Ergebnis der Entscheidung dadurch verschlechtert wird. Verwenden die Marktteilnehmer solche Faustregeln, die für die jeweilige Situation eine Art Verarbeitungsmuster vorgeben, dann laufen sie Gefahr, Fehler zu begehen. Nur wer die Heuristiken, die er häufig unbewusst anwendet, erkennt, vermag auch die damit einhergehenden Verzerrungen bei der Informationswahrnehmung und -verarbeitung in gewisser Weise zu neutralisieren.

Um sich einen besseren Überblick über die Art der Verwendung von Heuristiken zu verschaffen, kann man sie in zwei Arten unterteilen, nämlich die Heuristiken zur Komplexitätsreduzierung und die Heuristiken zur Findung eines schnellen Urteils.

5.1.1. Heuristiken zur Komplexitätsreduzierung

Anleger sind bei der hohen Komplexität eines Entscheidungsproblems gezwungen, sich bei der Wahrnehmung auf das Wesentliche zu beschränken, das heißt die Vielschichtigkeit des Problems deutlich zu reduzieren. Dazu können folgende Heuristiken der Komplexitätsreduzierung angewendet werden, die nachfolgend näher erläutert werden:

- Vereinfachung von Sachverhalten
- Das Konzept der Mentalen Konten
- Verfügbarkeitsheuristik
- Selektive Wahrnehmung von Informationen

5.1.1.1. Vereinfachung von Sachverhalten

Der erste Schritt zur Verringerung der Komplexität von Entscheidungssituationen ist Vereinfachung. Beispielsweise besteht eine Vereinfachung bereits darin, krumme Beträge auf- oder abzurunden oder auch nur geringe Unterschiede bei der Beurteilung von Informationen – soweit sie nicht offensichtlich von besonderer Bedeutung in der Entscheidungssituation sind – schlicht und einfach zu vernachlässigen. Goldberg et. al. geben hierzu folgendes Beispiel:

> „Der Leiter einer Börsenabteilung benötigt zur Erweiterung seines Teams einen jungen, aufstrebenden Händler. Drei Bewerber kommen in die engere Wahl, und sie alle erwecken bei den Interviews einen sehr guten Eindruck. Es wird beschlossen, als Entscheidungskriterien die durchschnittliche Abiturnote und die Berufserfahrung der Bewerber heranzuziehen. Die Profile der Bewerber sehen wie folgt aus:

	Abiturnote	Berufserfahrung
Bewerber A	1,0	1 Jahr
Bewerber B	1,5	3 Jahre
Bewerber C	2,0	5 Jahre

> Man stelle sich nun vor, dass der Entscheider folgendermaßen bewertet: In einem direkten Vergleich zwischen Bewerber A und B zieht er Bewerber B vor, weil er eine deutlich längere Berufserfahrung hat und sich die Abiturnoten kaum unterscheiden. In gleicher Weise wählt er im direkten Vergleich zwischen Bewerber B und C letzteren aus. Aufgrund des jeweils geringen Unterschieds in der Abiturnote wird dieses Kriterium de facto in diesen zwei Vergleichen zur Vereinfachung vernachlässigt. Stellt er jedoch Bewerber A und C ge-

genüber, so liegen die Abiturnoten schon so weit auseinander, dass der Leiter trotz dessen geringerer Berufserfahrung Bewerber A wählt. Fasst man die Situation zusammen, zeigt sich A schlechter als B, B schlechter als C und C schlechter als A. So bleibt offen, wer denn nun eigentlich eingestellt werden soll.

Deutlich wurde außerdem, dass die Vernachlässigung geringer Unterschiede Entscheidungssituationen zwar vereinfacht und auch deren kognitive Bewältigung erleichtert, unachtsames Vorgehen hierbei aber durchaus vernünftigen Entscheidungen entgegenstehen kann."[23]

5.1.1.2. Konzept der Mentalen Konten

Eine weitere Strategie zur Verminderung der Komplexität von Entscheidungen liegt darin, unterschiedliche Projekte[24] (Entscheidungen) voneinander zu trennen. Nach dem Konzept der mentalen Konten wird für jede Entscheidung mental ein separates Konto angelegt.

Menschen haben demzufolge nicht die Gesamtheit aller Projekte und deren Folgen im Kopf, sondern führen für jedes Vorhaben ein gesondertes mentales Konto. Daher konzentriert sich der Mensch bei seinen Überlegungen jeweils nur auf ein Konto, Abhängigkeiten zu anderen Engagements oder Konten werden weitgehend ignoriert. Zur Illustration des Mental Accountings geben Goldberg et.al. folgendes Beispiel:

„- Situation A: Sie haben eine Eintrittskarte für ein Konzert zum Preis von 150 DM erworben. Vor dem Konzerthaus angekommen, bemerken Sie, dass Sie Ihre Karte verloren haben. An der Abendkasse gibt es noch Karten derselben Preiskategorie. Kaufen Sie eine neue Karte?

- Situation B: Sie haben sich an der Abendkasse eine Eintrittskarte für 150 DM reservieren lassen. Dort angekommen, stellen Sie fest, dass Sie 150 DM aus Ihrem Portemonnaie verloren haben. Kaufen Sie die Karte, wenn Sie noch genügend Geld dabei haben?"[25]

In beiden Situationen stellen Sie an der Kasse einen Verlust in Höhe von 150 DM fest und müssen sich nun entscheiden, ob Sie diesen Betrag erneut aufwenden möchten, um das Konzert zu besuchen. Demzufolge müssten beide Fälle nach ökonomischen Gesichtspunkten gleich bewertet werden. Dennoch hat man in empirischen Untersuchungen festgestellt, dass die Mehrheit aller Befragten im ersten Fall von einem Kon-

---

[23] Goldberg, Joachim und Nitzsch, Rüdiger v.: Behavioral Finance. Gewinne mit Kompetenz. Finanzbuchverlag. München, 2. Auflage 2000, S. 53 ff.

[24] Unter dem Begriff Projekt ist hierbei jegliche Art beruflicher oder privater Entscheidungen zu verstehen, wie beispielsweise »Kauf einer Aktie X«, »Kauf einer Aktie Y«, »Investition in eine bestimmte Immobilie« aber auch »Besuch eines Konzerts oder Kinos«.

[25] Goldberg, Joachim und Nitzsch, Rüdiger v.: Behavioral Finance. Gewinne mit Kompetenz. Finanzbuchverlag. München, 2. Auflage 2000, S. 54 ff.

zertbesuch absehen würde, im zweiten Fall die reservierten Karten jedoch kaufen würde.

Diese Verhaltensinkonsistenz lässt sich mithilfe des Konzepts der mentalen Konten leicht erklären. Die Entscheider führen mentale Konten, nämlich ein Konzertkonto und ein Geldkonto. Durch den Besuch des Konzerts erhalten sie einen positiven Wert durch Freude oder Unterhaltung, der auf dem Konzertkonto verbucht wird. Diesem Wert steht der Preis für die Karte entgegen. In der Situation A ist dieser Preis schon auf dem Konzertkonto verbucht, wenn man an der Abendkasse steht. Insofern würde der Kauf einer zweiten Karte das Konzertkonto weiter belasten, sodass der Konzertbesuch plötzlich mit 300 DM zu Buche schlagen würde.

In Situation B wurde indes der Verlust der 150 DM auf einem anderen Konto, dem Geldkonto, verbucht. Diese Verringerung des Geldkontostandes mag zwar ärgerlich sein, doch hat sie keinen Einfluss auf das mentale Guthaben des Konzertkontos und wirkt sich somit auch nicht auf die Entscheidung aus, in das Konzert zu gehen. Dieses Beispiel zeigt, dass durch das separate Führen verschiedener mentaler Konten ohne Berücksichtigung von Abhängigkeiten das Entscheidungsverhalten in einer ökonomisch eindeutigen Situation stark beeinflussbar ist.

Wieso ist aber die durch das Mental Accounting erreichte Komplexitätsreduzierung an den Finanzmärkten so problematisch?

> „Man stelle sich beispielsweise vor, Unternehmen A stellt Badeartikel her, Unternehmen B Regenbekleidung. Beide Unternehmen sind jung, arbeiten höchst effizient und innovativ, so dass ein Aktienengagement sehr lukrativ erscheint. Die Gewinnsituation beider Unternehmen hängt jedoch leider ganz erheblich vom Wetter ab. Bei schönem Wetter wird das Unternehmen A glänzende Gewinne abwerfen, das Unternehmen B dagegen Verluste schreiben, auch wenn diese dank eines effizienten Managements nur gering ausfallen. Bei schlechtem Wetter kehrt sich die Situation um.“[26]

Bewertet man im Sinne des Mental Accounting ein Engagement in Aktien des Unternehmens A und B isoliert, so entschließt man sich aufgrund des jeweils hohen Risikos wahrscheinlich dazu, sein Geld in keine der beiden Aktien zu investieren, denn beide Anlagen sind für sich gesehen ziemlich risikoreich. Berücksichtigt man jedoch den gegenseitigen Einfluss des Unsicherheitsfaktors Wetter auf die Unternehmensgewinne, wird eine Kombination der Aktien der Unternehmen A und B zu einer lukrativen und zugleich sicheren Anlage. Eine Vernachlässigung der (Risi-

---

[26] ebd. S. 55

ko-)Abhängigkeiten führt also dazu, dass Risiken falsch bewertet werden und so Gewinnchancen ungenutzt bleiben.

Dann können Anleger ihre Anlageentscheidungen auch nicht im Rahmen der Portfoliostrategie[27], also als Teil eines risikoausgleichenden Gesamtinvestments, sehen, sondern führen gedanklich für jedes einzelne Investment Buch. Ein solches Vorgehen widerspricht der Portfoliostrategie von Markowitz und seinem Lehrsatz »*Diversification is good*«.

Tatsächlich führt das Mental Accounting aber noch zu wesentlich weitgehenderen Konsequenzen für das Entscheidungsverhalten eines Anlegers, die jedoch erst im Kontext mit anderen psychologischen Aspekten zur vollen Entfaltung kommen. Folgerichtig wird uns dieses Phänomen noch mehrfach begegnen.

5.1.1.3. Verfügbarkeitsheuristik

Mit der Anwendung von Verfügbarkeitsheuristiken ist die Tendenz von Entscheidern gekennzeichnet, aktuell (auch nur mental) verfügbare Informationen gegenüber vergangenen Daten überproportional stark zu gewichten. Die subjektive Wahrscheinlichkeit für ein Ereignis ist um so größer, je leichter oder schneller man in der Lage ist, sich Beispiele für das Ereignis vorzustellen oder in Erinnerung zu rufen. Es werden üblicherweise drei Ausprägungen des Einflusses unterschieden: Die Lebhaftigkeit der Darstellung, die (mentale) Präsenz eines Ereignisses sowie der Einfluss durch Ereigniskombinationen. Im Unterschied zur Repräsentativitätsheuristik geht es bei der Verfügbarkeitsheuristik also nicht um einen Musterabgleich, sondern um die mentale Präsenz.

Bezogen auf das Anlageverhalten beschreibt die Verfügbarkeitsheuristik den Sachverhalt, dass Anleger verstärkt auf leicht verfügbare Informationen – aus Informationen der Zeitung oder Börsenfernsehen – zurückgreifen. So sind Informationen aus einer abonnierten Zeitschrift leichter verfügbar als Daten aus einer Zeitschrift, die man sich allenfalls von Zeit zu Zeit von Kollegen ausleiht. Im Allgemeinen ist ein solches Verhalten aus Gründen der Effizienz auch geboten, und nur bei wichtigen Entscheidungen wird der Anleger zusätzlichen Aufwand zur Gewinnung neuer Informationen betreiben.

---

[27] vgl. Götte, Rüdiger: Das 1x1 des Portfoliomanagements. Ein Lehr- und Arbeitsbuch für Anfänger und Fortgeschrittene. Ibidem-Verlag. Stuttgart 2005.

Allerdings kann die Anwendung von Verfügbarkeitsheuristiken auch unbewusst ablaufen, und zwar dann, wenn Erinnerungen einen starken Einfluss auf die Entscheidungsfindung haben. So wird beispielsweise die Erinnerung an einen Crash die Einschätzung eines Anlegers hinsichtlich der Gefahr von starken Kursrückgängen beeinflussen. Demgemäß wird ein Anleger, der schon einen oder mehrere Aktiencrashs erlebt hat, die Wahrscheinlichkeit eines Kurssturzes möglicherweise anders einschätzen als jemand, der noch keine entsprechenden Erfahrungen gemacht hat, nach dem Motto: »*Aus Schaden wird man klug.*«

Die verfügbaren Erinnerungen – z.B. an einen Aktiencrash – werden unabhängig von den neuen Umständen als Entscheidungsgrundlage genutzt und wirken sich damit auf das Anlageverhalten des Anlegers aus. Ein Anleger, der schon einige Aktiencrashs erlebt hat, könnte zum Beispiel relativ früh in einer Hausse seine Aktien aus Angst vor einem möglichen neuen Crash verkaufen, obwohl er bei objektiver Überlegung unter Berücksichtigung rein rationaler und ökonomischer Gesichtspunkte vielleicht zu einer anderen Entscheidung gekommen wäre.

Erinnerungen wirken sich also auf die Entscheidungen des Anlegers aus – nicht nur bei so etwas Spektakulären wie einem Aktiencrash, sondern auch bei der Bewertung von Unternehmensnachrichten. Erinnerungen an ein Ereignis können dann wieder besonders leicht verfügbar gemacht werden, wenn das Ereignis häufig erlebt oder sehr lebhaft und anschaulich präsentiert wurde. Dieses Wissen nutzen viele Investor Relations-Abteilungen der Unternehmen aus. Denn ein IR-Manager ist letztlich nichts anderes als ein Verkäufer, der den Investoren das Gut »Aktie« verkaufen möchte.

Wenn z. B. eine Ad-hoc-Meldung des Unternehmens A eine positive Nachricht enthält, besitzt diese für einen Anleger, der diese Information wahrnimmt, für eine gewisse Zeit eine hohe Verfügbarkeit und beeinflusst so sein Entscheidungsverhalten zugunsten von Unternehmen A. Möglicherweise hat zwar Unternehmen B bessere fundamentale Daten, diese sind für den Anleger aber nicht so präsent. Darum entschließt sich der Marktteilnehmer zu einem Engagement in die Aktien des Unternehmens A. Dadurch wird verständlich, warum Unternehmen so gerne und häufig Ad-hoc-Meldungen herausgeben. Denn während Ad-hoc-Meldungen früher noch als unangenehme Pflicht galten, benutzen viele Unternehmen Ad-hoc-Meldungen heute als Instrument zur Kurspflege. Die Meldungen werden möglichst lebendig und auffällig gestaltet, damit sie dem Anleger länger in positiver Erinnerung bleiben.

Wenn in einer Ad-hoc-Meldung die Tatsache, dass 100 Neukunden gewonnen wurden, folgendermaßen formuliert wird »Heute hat unser Unternehmen den 100.000 Kunden gewonnen«, dann geschieht dies, um die Nachricht durch eine möglichst reißerische Aufmachung in der Erinnerung des Anlegers zu platzieren.

Und wenn das Unternehmen bei vielen Anlegern dann mit weitestgehend positiven Nachrichten in Verbindung gebracht wird, entsteht eine hohe Nachfrage nach den Aktien des Unternehmens. Aus dieser »Attention anomaly« kann eine Kursübertreibung nach oben entstehen, die dann – nach den geschilderten Erkenntnissen – tendenziell besonders hoch ausfallen müsste, wenn die Informationen sehr anschaulich und eindrucksvoll übermittelt wurden. Besonders gut war darin eine Vielzahl von Unternehmen des Neuen Marktes, die mit Hilfe solcher Ad-hoc-Meldungen ihre Aktienkurse in ungeahnte Höhen trieben. In gleicher Weise können sich natürlich auch Kursübertreibungen nach unten ergeben, und zwar dann, wenn vor allem schlechte Nachrichten verfügbar sind.

Eine andere Ausprägung der Verfügbarkeitsheuristik findet sich im Anlageverhalten von Anlegern wieder. Betrachtet man die Portfolios von Kleinanlegern, so kann man zumeist feststellen, dass diese nicht so diversifiziert sind, wie sie es nach der traditionellen Theorie sein sollten. Ein gut diversifiziertes Portfolio sollte zum Beispiel ausländische Aktien anteilig nach der Marktkapitalisierung der ausländischen Börsen beinhalten. Somit sollte man in etwa 43% seines Aktienportfolios in US-amerikanischen Titeln halten, 23% in asiatischen Aktien, 4% in deutschen Aktien und etwa 30% in anderen europäischen Aktien anlegen. Deutsche Anleger legen aber über 88% ihres Aktienportfolios in deutschen Titeln an. Der heimische Markt ist also enorm überrepräsentiert. Diese Ausprägung im Anlageverhalten wird als »Home Bias« bezeichnet. Eine Beschreibung der psychologischen Ursachen des »Home Bias« kann anhand von folgendem Beispiel gegeben werden:

Lotterie A: Es wird ein Ball aus einer Urne mit 50 roten und 50 blauen Bällen gezogen. Auszahlung: 100 Euro falls blau, 0 falls Euro rot gezogen wird.

Lotterie B: Es wird ein Ball aus einer Urne mit roten und blauen Bällen in einem unbekannten Verhältnis gezogen. Auszahlung: 100 Euro falls blau , 0 Euro falls rot rot gezogen wird.[28]

---

[28] vgl. Hens, Torsten: Behavioral Finance. Die neue Sicht auf die Finanzmärkte. S. 4; http://www.iew.unizh.ch/grp/hens/papers/vonGraffenried.pdf

Die meisten Anleger würden nun Lotterie A präferieren. Als Begründung wird angegeben, dass es besser sei, eine Lotterie mit bekannten Wahrscheinlichkeiten zu spielen, als eine, in der alles ungewiss erscheint.

Eine ähnliche Begründung geben Anleger auch für die schwerpunktmäßige Ausrichtung ihres Portfolios auf den heimischen Aktienmarkt. Die Anleger allerdings, die bei obigen Beispiel Lotterie B wählen, haben auch in ihren Portfolios eine sehr viel größere Quote an ausländischen Aktien.

Ausländische Aktien sind also für ihre Anleger eine Art Lotterie mit ungewissem Ausgang. In der Tat kann man sagen, dass man in seinem Heimatland über die möglichen Gewinnchancen der einheimischen Firmen besser informiert ist bzw. wird als über die der ausländischen Firmen. Auf der anderen Seite haben aber Aktienportfolios mit einem klaren »Home Bias« oftmals eine schlechtere Rendite und ein höheres Risiko als international diversifizierte Portfolios.

Der »Home Bias« kann durch eine asymmetrisch optimistische Stimmung zu Gunsten heimischer Titel verstärkt werden, der aus der Nationalität der emittierenden Unternehmen herrührt (vgl. das »Buy British...« im Thatcherismus von England der 1980iger Jahre).

5.1.1.4. Selektive Wahrnehmung von Informationen

Auch selektive Wahrnehmung führt dazu, dass Anleger Informationen außer acht lassen. Sie wird durch das Vorwissen bestimmt. Nicht nur die beschränkte Aufnahmekapazität des Gehirns ist dafür verantwortlich, dass ein Teil der Informationen ignoriert wird. Oftmals werden Informationen – bewusst oder unbewusst – übersehen, weil sie nicht »*in den Kram passen*«. Goldberg et. al. verdeutlichen die selektive Wahrnehmung mit folgendem anschaulichen Beispiel:

> „Ähnliches kann passieren, wenn zum Beispiel ein Devisenhändler mit Spannung am Telefon darauf wartet, dass die US-Handelsbilanzzahlen (oder ein anderes wichtiges Wirtschaftsdatum) veröffentlicht werden. Die Handelsbilanzzahlen werden in Englisch übermittelt. Allseits wird für den vergangenen Monat ein besonders hohes Defizit - es ist von 17 Mrd. US-Dollar die Rede - erwartet - man ist auf den schlimmsten Fall vorbereitet. Der Kollege am anderen Ende der Leitung übermittelt Bruchteile von Sekunden vor allen anderen Informationsdiensten an den äußerst pessimistisch gestimmten Händler die Zahl ‚twelve-point-twenty' (also 12,2 Mrd.), wobei letzterer nur den Wortfetzen ‚twenty' wahrnimmt und die Zahl ‚zwanzig' durch den Händlerraum brüllt. Die anderen nehmen die Zahl für bare Münze und reagieren sofort [sie verkaufen also ihre Dollarbestände – Anmerkung des

Verfassers]. Als der Händler Sekunden später die Zahl 12,2 über den Bildschirm flackern sieht, wird er blass."[29]

Der Händler aus diesem Beispiel hat aufgrund seiner selektiven Wahrnehmung eine falsche Entscheidung getroffen, denn durch die wider Erwarten guten US-Handelsbilanzzahlen steigt der Dollarkurs gegenüber dem Euro.

Selbst wenn Analysten ihre Entscheidungen unter weniger Zeitdruck treffen, selektieren sie die große Zahl von Daten und Nachrichten so, dass sie nur diejenigen Informationen erhalten, die zu ihrem Theoriegebäude passen und die vor allem im Einklang mit den bisherigen Prognosen stehen. Sie werfen nun sicherlich ein: Es gibt doch zur Bewertung einer Aktie mehrere unterschiedliche Analystenmeinungen. Das ist natürlich richtig. Wenn dennoch Analysten zu verschiedenen Prognosen kommen, liegt das am unterschiedlichen persönlichen Wahrnehmungsspektrum der Analysten. So kann eine bestimmte Erwartung zu gegensätzlichen Interpretationen desselben Sachverhaltes führen. Erwartet ein Analyst beispielsweise weiter steigende Aktienkurse, so deutet er die Nachricht einer gestiegenen Arbeitslosenzahl als Zeichen weiterer Kurssteigerungen, weil die Inflationsgefahr geringer geworden ist. Ein anderer Analyst, der von sinkenden Aktienkursen ausgeht, sieht die höhere Arbeitslosenzahl als Anzeichen für verlangsamtes Wirtschaftswachstum und somit für weitere Kursrückgänge. Jede Nachricht hat zwei Seiten, die je nach Bedarf in den Vordergrund gestellt werden.

Wenn Informationen sich nicht von ihrem Umfeld abheben, werden sie ebenfalls kaum wahrgenommen. Informationen, die in Kontrast zu ihrer Umwelt präsentiert werden, werden oft überhöht wahrgenommen (»Kontrast-Effekt«). Folgendes Beispiel soll diesen Effekt verdeutlichen:

> „Man stelle sich vor, man sei bereits seit längerem erfolglos auf der Suche nach einer neuen Mietwohnung. Die Zeit drängt, denn der bestehende Mietvertrag ist gekündigt, der Umzugstermin festgelegt. Bei der nächsten Besichtigung präsentiert ein Immobilienmakler zunächst ein heruntergekommenes, stark renovierungsbedürftiges, unansehnliches Appartement. Als er schließlich den Mietpreis nennt, fällt man aus allen Wolken und lehnt das Angebot entrüstet ab. Um seinen Kunden (angeblich) nicht zu vergraulen, macht der Makler den Vorschlag, schnell noch eine zweite Wohnung zu besichtigen. Er führt einen in ein mittelprächtig ausgestattetes Appartement, dessen Preis jedoch höher als der des ersten ist. Freudig wird der Mietvertrag unterschrieben, zumal man die Sucherei gründlich satt hat.

---

[29] Goldberg, Joachim und Nitzsch, Rüdiger v.: Behavioral Finance. Gewinne mit Kompetenz. Finanzbuchverlag. München, 2. Auflage 2000, S. 61

Der Makler freut sich ebenfalls - er hatte schon gefürchtet, auf der Wohnung sitzen zu bleiben."

Der große Kontrast zwischen den beiden Wohnungen bewirkt hier, dass die zweite Wohnung im Vergleich mit der ersten attraktiver erscheint und deshalb angemietet wird.

Dem Kontrast-Effekt unterliegen auch Investoren. Wartet zum Beispiel ein Unternehmen stets mit guten Gewinnmeldungen auf, kommt dann aber eine etwas schlechtere, aber immer noch gute Prognose, so wird diese überproportional stark wahrgenommen. In der Regel kommt es dann zu einem Kurssturz der Aktie. Ohne diesen Kontrast-Effekt hätte die etwas schlechtere Prognose kaum Beachtung gefunden.

Werden mehrere Informationen hintereinander präsentiert, so spielt die Reihenfolge ihrer Darstellung eine wichtige Rolle. Zwar führt die Verfügbarkeitsheuristik dazu, dass tendenziell die zuletzt genannte Information aufgrund ihrer Aktualität am stärksten im Bewusstsein präsent bleibt und somit bei einer Entscheidung am meisten berücksichtigt wird. Dennoch stehen diesem Effekt die meist wirkungsvolleren Primat- und Priming-Effekte gegenüber, die dafür verantwortlich sind, dass die zuerst genannte Information einen größeren Einfluss auf die Meinungsbildung hat.

Der »Primat-Effekt« (Erstargumenthypothese) sorgt dafür, dass die zuerst genannten Informationen den Wahrnehmungs- und Beurteilungsprozess stärker beeinflussen als die später folgenden. Der »erste Eindruck« spielt also nicht nur in der Liebe eine zentrale Rolle, sondern auch bei der Informationsaufnahme. Grund dafür ist, dass die Konzentration bei der Informationswahrnehmung nachlässt, so dass den ersten Informationen stärkere Aufmerksamkeit zuteil wird als den späteren. Für das Anlegerverhalten bedeutet der »Primat-Effekt«, dass sich die Art der Informationsvermittlung auf die Stimmung des Anlegers auswirkt.

Folgende Formulierungen verdeutlichen die Wirkung des »Primat-Effekts«: »Dow-Jones Aktienindex auf historischem Höchststand, aber Konjunkturentwicklung in den USA ist schlechter als erwartet« und »die Konjunkturentwicklung in den USA ist schlechter als erwartet, aber der Dow-Jones Aktienindex befindet sich auf einem historischen Höchststand«. Nach dem »Primat-Effekt« dürfte die erste Formulierung eine leicht positivere Stimmungslage der Anleger hervorrufen als die Letztere. Auch beim so genannten »Priming-Effekt« spielt die erste Information eine zentrale Rolle, denn sie beeinflusst die Interpretation der nachfolgenden Informationen.

Um den »Priming-Effekt« besser zu verstehen zu können, sehen wir uns folgendes Experiment an:

> „Dabei musste eine Gruppe von Probanden versuchen, sich bei einem zweistufigen Test verschiedene positive Eigenschaftswörter wie ‚unternehmungslustig', ‚selbstsicher', ‚selbständig' und ‚beharrlich' zu merken. Einer Vergleichsgruppe wurden analog dazu negative Eigenschaften wie ‚leichtsinnig', ‚eingebildet', ‚eigenbrötlerisch' und ‚stur' nahegebracht. Anschließend mussten beide Gruppen eine hypothetische Person namens Donald beurteilen, die sich durch einige besondere Verhaltensweisen auszeichnete. Hierbei zeigte sich, dass Donalds Begeisterung fürs Fallschirmspringen von der ersten Gruppe als Ausdruck seines unternehmungslustigen Temperaments eingestuft wurde, während die zweite Gruppe dieses gewagte Hobby eher als leichtsinnig ansah. Zugleich wurde beispielsweise der Umstand, dass Donald von seinen Stärken überzeugt war, von der ersten Gruppe als selbstsicher und von der zweiten als eingebildet klassifiziert. Die in der ersten Stufe geprägten (verfügbaren) Konzepte bestimmten jeweils in erheblichem Maße, wie die nachfolgende Information interpretiert wurde. Priming-Effekte sind somit letztlich eine weitere Folge der Verfügbarkeitsheuristik."[30]

»Priming-Effekte« wirken auch an der Börse. So nutzen viele Unternehmen den »Priming-Effekt« aus, um ihre Ad-hoc-Meldungen so zu präsentieren, dass eine bestimmte Reaktion beim Anleger ausgelöst werden kann. Deshalb werden negative Nachrichten nicht zu Anfang einer Ad-hoc-Meldung gestellt, sondern eher in der Mitte. Denn: »*Mit Speck fängt man Mäuse und mit Versprechungen Aktionäre.*«

5.1.2. Schnelle Urteilsfindung

Neben der Komplexitätsreduktion und ihren bereits erläuterten Heuristiken ist die schnelle Urteilsfindung die zweite wichtige Strategie zur Informationsbewältigung. Denn ist die Komplexität eines Entscheidungsproblems mithilfe der Heuristiken zur Komplexitätsreduzierung auf ein vertretbares Maß reduziert, gilt es, diese Information zu verarbeiten und möglichst schnell zu Urteilen zu kommen, um eine Entscheidung zu treffen. In dieser Phase des Entscheidungsprozesses werden die so genannten Urteilsheuristiken wirksam, die im Folgenden erläutert werden.

5.1.2.1. Verankerungsheuristik (Anchoring)

Zur Prognose der Entwicklung von Zinsen, Aktien- oder Devisenkursen ist ein rasches Urteilsvermögen nötig. Dabei neigen die meisten Anleger dazu, sich bei ihren

---

[30] Goldberg, Joachim und Nitzsch, Rüdiger v.: Behavioral Finance. Gewinne mit Kompetenz. Finanzbuchverlag. München, 2. Auflage 2000, S. 65

Schätzungen oder in der Verwertung von Informationen zunächst an einen ersten Ursprungs- oder Richtwert zu orientieren, dem so genannten Anker-Wert. Im nächsten Schritt wird der Anker-Wert unter Berücksichtigung weiterer Informationen oder mittels einer genaueren Analyse mehr und mehr dem wahren Wert angepasst (»Adjustment«). Daran wäre nichts zu beanstanden, sofern der Anpassungsprozess tatsächlich zu Ende gebracht werden würde. Allerdings belegen empirische Untersuchungen, dass dies meist nicht der Fall ist, sondern dass der Anpassungsprozess regelmäßig zu knapp ausfällt und sein Ziel verfehlt.

Folgendes Beispiel soll diesen Prozess verdeutlichen:

> „Bei einem Experiment mit Studenten, die in zwei Gruppen eingeteilt wurden, mussten diese spontan, das heißt innerhalb von fünf Sekunden, das Ergebnis einer Rechenaufgabe schätzen. Die erste Gruppe musste das Produkt von $1 \cdot 2 \cdot 3 \cdot 4 \cdot 5 \cdot 6 \cdot 7 \cdot 8 = ?$ schätzen, die andere das Resultat der Multiplikation von $8 \cdot 7 \cdot 6 \cdot 5 \cdot 4 \cdot 3 \cdot 2 \cdot 1 = ?$
> Das Ergebnis war verblüffend: Die erste Gruppe schätzte das Produkt im Durchschnitt auf 512, die zweite Gruppe, die die absteigende Zahlenreihe erhalten hatte, im Durchschnitt auf 2250. Tatsächlich lautet die Lösung 40320 (Kahneman & Tversky 1982).
> Dieses Beispiel zeigt, dass sich die Studenten offensichtlich an den ersten Punkten der Zahlenreihe orientiert hatten. Dabei konnten sie schnell ersehen, dass es sich bei der Rechnung um eine Multiplikationsaufgabe handelte, wobei offenbar nur die ersten Faktoren miteinander multipliziert wurden, während der Rest der Schätzung hochgerechnet wurde. Nur so ist erklärbar, dass die erste Gruppe im Durchschnitt zu relativ niedrigen Resultaten gelangte. Die zweite Gruppe - auch sie dürfte nur den ersten Teil der Aufgabe tatsächlich gerechnet und den Rest extrapoliert haben - kam wegen der andersartigen Präsentation der Rechnung zu höheren Ergebnissen: Von links nach rechts gelesen nimmt man unter dem starken Zeitdruck vielleicht nur den Teil ‚8 · 7 · 6 ...', also die wertmäßig hohen Ziffern der Rechnung wahr. Markant war allerdings für beide Gruppen, dass sie das tatsächliche Ergebnis auf grund der Konzentration auf den Anfang der Rechenaufgabe bei weitem unterschätzt hatten."[31]

Diese krasse Fehleinschätzung weist darauf hin, dass hier ein schwach ausgeprägter Anpassungsprozess an Werk war, wie er typisch für die Verankerungsheuristik ist. So reichte selbst in der zweiten Gruppe, die mit einem hohen Wert für den Anker startete, die Anpassung nicht aus, um den wahren Wert auch nur annähernd zu erreichen.

Die Verankerungsheuristik wirkt sich aber auch auf die Schätzung von Wahrscheinlichkeiten aus, sofern zusammengesetzte Ereignisse beurteilt werden sollen. Ein erster Effekt ergibt sich schon, wenn geschätzt werden soll, wie hoch die Wahrschein-

---

[31] Goldberg, Joachim und Nitzsch, Rüdiger v.: Behavioral Finance. Gewinne mit Kompetenz. Finanzbuchverlag. München, 2. Auflage 2000, S. 67

lichkeit ist, dass mindestens eines von mehreren unwahrscheinlichen Ereignissen eintritt. Goldberg et. al. erklären dies anhand der Unfallstatistik:

> „Geht man beispielsweise davon aus, dass die Wahrscheinlichkeit, innerhalb eines Jahres einen schweren Verkehrsunfall zu erleiden, mit 0,1% beziffert werden kann, dann unterschätzen die meisten Menschen das Risiko, innerhalb von 50 Jahren einen solchen Unfall zu erleiden (Eisenführ & Weber 1999). Denn der tatsächliche Wert liegt immerhin bei 1 - 0,99950 = 5%. Mit dem Wahrscheinlichkeitswert von 0,1% wird zunächst ein Anker gesetzt, der jedoch später nur unzureichend an den richtigen Wert angepasst wird. Dreht man das obige Beispiel um, erhält man den umgekehrten Effekt: Nach der Wahrscheinlichkeit gefragt, die nächsten 50 Jahre ohne Verkehrsunfall auszukommen, wenn die Wahrscheinlichkeit in einem Jahr ohne einen schweren Verkehrsunfall auszukommen mit 99,9% beziffert wird, werden die meisten einen zu hohen Wert angeben. Die Wahrscheinlichkeit beläuft sich für letztgenanntes Ereignis als Negation des ersten logischerweise auf 100% - 0,1% = 99,90. Analog zu obiger Berechnung ergibt sich für die Wahrscheinlichkeit dieser Situation ein Wert von 100% - 5% = 95%. Verständlich, denn im zweiten Fall ist der Anker (99,9%) hoch und wird nicht ausreichend nach unten angeglichen."

Doch kommen wir nach diesem abstrakten Beispiel zur Bedeutung der Verankerungsheuristik für die Finanzmärkte zurück. Die Verankerungsheuristik tritt an den Börsen in vielfältiger Form auf. Im Grunde genommen ist sie bei jeder Schätzung anzutreffen. Er muss aber nicht zwangsläufig aus einem numerischen Wert bestehen, es kann sich auch um eine Analysten-Meinung oder eine Empfehlung von Freunden handeln. Holt ein Anleger von Analysten Informationen zu einer Aktie ein, so dienen diese ebenfalls als Anker-Wert. Fragt man also z.B. einen bullischen Analysten nach der Einschätzung der Siemens-Aktie, so wird man einen vergleichsweise hohen Anker-Wert genannt bekommen. Die Einstellung des Anlegers zu dieser Aktie wird nach (meist ungenügender) Anpassung durch eigene Einschätzungen immer noch einen tendenziell zu hohen Wert aufweisen. Entsprechend wird sich nach Befragung eines bärischen Analysten ein eher zu niedriger Wert ergeben. Außerdem ist es möglich, dass Analysten durch geschicktes Setzen von Ankerwerten beispielsweise zu Gewinnvorausschätzungen ebenfalls beeinflusst sind.

Aber selbst unrealistisch anmutende Daten und Prognosen verfehlen oftmals ihre Wirkung als Anker-Wert bei den Anlegern nicht. Man denke beispielsweise an eine Situation, in der das Gewinnwachstum des Unternehmens SAP im Quartal von der Mehrheit der Analysten mit einem Zuwachs von 5 % prognostiziert wird. Plötzlich nennt ein Analyst die Zahl von 10 %. Die Mehrzahl der Anleger tun diese Schätzung zwar als absoluten »Quatsch« ab, trotzdem wird sie nicht aus ihrem Gedächtnis gestrichen. Und so ist es für die meisten Anleger keine echte Überraschung, wenn die tatsächliche Zahl des Gewinnwachstums bei 8 % liegt. Eine solche Situation ist vergleichbar mit der von Geschworenen bei der Entscheidung des Richters, etwas aus dem Protokoll zu streichen, weil es für die Urteilsfindung unerheblich ist. Trotzdem können sich viele Geschworene gerade deshalb noch daran erinnern.

Falls der Anleger keine Informationen über die Schätzgröße von dritter Seite einholt, dient meist der augenblickliche Zustand (Status quo) als Anker-Wert. Soll man zum Beispiel schätzen, wo der SAP-Aktienkurs in zwei Jahren stehen wird, so schaut man sich zunächst den heutigen Aktienkurs an, um ihn dann als Anker-Wert zu wählen und ihn je nach Informationsstand nach oben oder unten anzupassen. Die starke Verankerung am Status quo führt dazu, dass das Prognoseergebnis zu sehr eingegrenzt wird und die Wahrscheinlichkeiten extremer Abweichungen unterschätzt werden.

5.1.2.2. Repräsentativitätsheuristik

Die Repräsentativitätsheuristik bezeichnet die Tendenz von Entscheidern, einzelne Ereignisse oder Beobachtungen als typisch (repräsentativ) für eine Kategorie, Grundgesamtheit oder Entwicklung einzuschätzen, ohne deren Auftretenswahrscheinlichkeit geprüft zu haben. Die subjektive Wahrscheinlichkeit für ein Ereignis ist umso größer, je repräsentativer das Ereignis für die Population ist, aus der es kommt. Für Anleger bedeutet das, dass die Repräsentativitätsheuristik das Phänomen beschreibt, dass Anleger ihre Entscheidung an der Repräsentativität von bestimmten Denkmustern orientieren.

Eine hohe Repräsentativität wird dann erreicht, wenn eine Beobachtung gut in ein bereits vorhandenes Schema passt. Jeder Mensch hat eine Vielzahl von derartigen Schemata im Kopf, die er sich durch Beobachtungen in der Vergangenheit, persönliche Erfahrungen oder durch Lernen angeeignet hat. Dementsprechend können auch schon diese Schemata Verzerrungen aufweisen.

Zudem gilt: Wenn ein bestimmter Sachverhalt gut in ein vorhandenes (verfügbares) Denkmuster bzw. Schema passt, wird sein Wahrheitsgehalt schnell als zu hoch eingeschätzt, sonst meist als zu gering. Wie sich dieses Schema ursprünglich gebildet hat, ist dabei irrelevant. Zufällige Bestätigungen, die sich im Nachhinein ergeben, verfestigen das Schema, unabhängig davon, ob es tatsächlich zutrifft.

Wird beispielsweise eine Münze geworfen, so ist die Wahrscheinlichkeit von Kopf oder Zahl gleich hoch. So gilt es bei einem Münzwurf als »repräsentatives Schema«, dass bei mehreren Würfen nacheinander sowohl Kopf als auch Zahl vorkommen sollte. Die Wahrscheinlichkeit, dass bei mehrfachem Werfen nur Kopf oder nur Zahl vorkommt, wird dabei von vielen Menschen als weniger groß angesehen. Ebenso erwarten einige Menschen nach mehrmaligem Werfen von Kopf, dass mit höherer Wahrscheinlichkeit ein Zahl-Wurf kommt, obwohl die Wahrscheinlichkeit für beide Ereignisse immer wieder die gleiche ist, da die Ereignisse voneinander unabhängig sind.

Die Repräsentativitätsheuristik führt also dazu, dass Wahrscheinlichkeiten von repräsentativen Ereignissen überschätzt werden. Die Vernachlässigung der tatsächlichen – beziehungsweise nach den Axiomen der Wahrscheinlichkeitsrechnung objektiv richtigen – »Basiswahrscheinlichkeiten« führt zu fehlerhaften Schätzungen von Wahrscheinlichkeiten.

Genau wie beim Münzwurfspiel verhält es sich am Roulette-Tisch im Spielkasino. Die Wahrscheinlichkeitstheorie sagt aus, dass die Ausspielung der Farben Schwarz und Rot immer gleich wahrscheinlich ist. Trotzdem ist es nur allzu menschlich, dass nach einer Serie von neun roten Zahlen in Folge vermutet wird, als Nächstes sei nun eine schwarze Zahl an der Reihe, weil man glaubt, der Zufall müsste für einen Ausgleich sorgen. Deswegen nehmen nach einer Serie roter Zahlen die Einsätze auf schwarze Zahlen deutlich zu. Die Spieler denken: »*Wenn beim nächsten Mal Rot kommt, hätte man insgesamt zehn Mal hintereinander kein Schwarz gehabt, und dies ist doch recht unwahrscheinlich. Schließlich beträgt die Chance, dass eine schwarze Zahl erscheinen muss, immerhin knapp 50 %, und bei genügend langem Verlauf des Roulettespiels müssen umso mehr schwarze Zahlen gezogen werden, um die neun roten wieder auszugleichen.*« Doch genau das ist ein Trugschluss, den man auch als »Gambler's fallacy«[32] bezeichnet. Denn jede einzelne Ausspielung am Roulettetisch ist von der Vorherigen unabhängig.

Auch an den Kapitalmärkten können Anleger Opfer der »Gambler's fallacy« werden, weil viele Anleger glauben: »*Was fällt muss auch wieder steigen*«. So konnte in einem Experiment[33], bei dem Versuchspersonen Spielaktien kaufen konnten, deren Kursentwicklung rein zufällig war, nachgewiesen werden, dass die Mehrheit der Probanden die Spielaktien bevorzugte, die eine längere Abwärtsbewegung hinter sich

---

[32] Die »Gambler's fallacy« wird uns auch bei Wahrnehmung von Gewinnen und Verlusten begegnen (siehe S. 100 ff.).

[33] vgl. Goldberg, Joachim und Nitzsch, Rüdiger v.: Behavioral Finance. Gewinne mit Kompetenz. Finanzbuchverlag. München, 2. Auflage 2000, S. 75

hatten. Sie waren davon überzeugt, dass die Spielaktien wieder steigen würden und hielten diese deswegen überdurchschnittlich lange.

Eine weitere Fehleinschätzung, die sich aus der Repräsentativitätsheuristik ergibt, ist, dass bei der Interpretation von bedingten hohen Wahrscheinlichkeiten Bedingung und Ereignis vertauscht werden. Dies wird als »Conditional Probability Fallacy« bezeichnet.

Ein gutes Beispiel für die »Conditional Probability Fallacy« ist die Einschätzung von Crash-Risiken. Bei vielen Aktienhändlern und Aktionären beginnt meistens im Oktober das große Zittern, denn der Glaube ist weit verbreitet, dass »*die meisten Aktiencrashs sich im Herbstmonat Oktober ereignen*«.

> „Die Wahrscheinlichkeit dafür, dass zum Zeitpunkt eines Crash gerade der Monat Oktober geschrieben wird, ist aus der historischen Beobachtung heraus vergleichsweise hoch. Bezieht man sich auf den Dow Jones in den Jahren 1929 bis 1998 und definiert man einen Kursrückgang als Crash, wenn der Aktienindex in wenigen Tagen 10% oder mehr an Wert verliert, so gilt nach unseren Recherchen eine Wahr-scheinlichkeit von 34%, das heißt, zehn der 29 Crashs fanden im Oktober statt (formal: p(Oktober I Crash) = 10:29 = 34%). Nicht selten hört man deshalb von Aktienhändlern: ‚Wir sind im Oktober, und dementsprechend ist das Crash-Risiko wieder sehr hoch'. In diesem Fall wird die bedingte Wahrscheinlichkeit (p(Crash I Oktober)) also überschätzt, denn in gerade einmal zehn von 62 Oktobern seit 1929 kam es zu solchen Kurseinbrüchen. Dies entspricht einer Wahrscheinlichkeit von ca. 16,1%. Bedingung und Ereignis, das heißt im weiteren Sinne Ursache und Wirkung, wurden miteinander vertauscht."[34]

In dieser zweiten Variante ist die durch die Repräsentativitätsheuristik verursachte Verzerrung noch gravierender als bei der Verwechslung von Bedingung und Ereignis. Denn aufgrund des Denkens in Schemata neigt der Mensch dazu, Zusammenhänge wahrzunehmen, die als solche gar nicht vorhanden sind. Beschränkt man sich dabei zunächst auf die Wahrnehmung von empirischen Abhängigkeiten, so kann in diesem Zusammenhang auch von Scheinkorrelationen gesprochen werden. Beispielsweise war in den Jahren 1997 bis 2000 eine verbreitete Scheinkorrelation, dass Aktien die am Neuen Markt[35] notiert waren, auch eine ausgezeichnete Kursperformance bieten müssten.

---

[34] Goldberg, Joachim und Nitzsch, Rüdiger v.: Behavioral Finance. Gewinne mit Kompetenz. Finanzbuchverlag. München, 2. Auflage 2000, S. 77

[35] Im Börsensegment des Neuen Marktes waren im Wesentlichen innovative, technologieorientierte Unternehmen angesiedelt.

Als der Neue Markt im März 1997 ins Leben gerufen wurde, bildete sich dieses Denkmuster insbesondere dadurch, dass eine hohe Liquidität auf einen engen Markt traf, dessen Unternehmen eine hohe Aufmerksamkeit in der Öffentlichkeit genossen. Nicht nur durch extrem hohe Zeichnungsgewinne bei Aktienemissionen sondern auch durch positive Kursverläufe in der Nachfolgezeit hatte sich bei einer Vielzahl von Anlegern bis zum Anfang 2000 das Schema »*Neuer Markt = Hohe Kursgewinne*« gebildet und manifestiert.

Dass sich für einige Unternehmen zum Teil deutliche Kursübertreibungen ergaben, ist in diesem Fall eine Folge der verzerrten Informationsverarbeitung der Anleger gewesen, wobei eine hohe Verfügbarkeit durch immer wiederkehrende Nachrichten über Traumrenditen noch unterstützend wirkte. Selbst wenn ein Unternehmen am Neuen Markt notiert war, musste es noch lange nicht so profitabel sein, wie einige vergleichbare Werte, die ebenfalls am Neuen Markt notiert waren. Die insbesondere im Jahr 2000 beginnende Trennung der »Spreu vom Weizen« war die Erkenntnis, dass diese Scheinkorrelation nicht zutrifft.

Zusammenfassend kann man sagen: Glauben sehr viele Marktteilnehmer an ein solches Schema und handeln danach, wird es mit hoher Wahrscheinlichkeit zu einer entsprechenden Marktbewegung kommen. Ein fälschlicherweise entstandenes Schema wird dann zumindest vorübergehend zur Realität.

Will man diesem Effekt nicht verfallen, sondern im Gegenteil von ihm profitieren, sind folgende Fragen zu beantworten: An welche Schemata glauben die Marktteilnehmer? Stimmen diese mit der Realität überein? Wie lange wird das Schema noch Gültigkeit besitzen? John Maynard Keynes brachte den Effekt der Scheinkorrelation folgendermaßen auf den Punkt: »*Die Börse ist wie ein Schönheitswettbewerb. Die Jury muss nicht urteilen, wer die Schönste ist, sondern abschätzen, wen die meisten Leute am schönsten finden.*«

In beiden ausgeführten Beispielen, dem Crash-Risiko im Monat Oktober und der Überbewertung der Aktien am Neuen Markt, wurde die Einschätzung einer zukünftigen Situation aus der Beobachtung der Vergangenheit abgeleitet, ohne dass tatsächlich ein kausaler Zusammenhang bestand.

> „Dass jedoch im Allgemeinen ein empirischer Zusammenhang noch lange kein Kausalverhältnis begründen muss, zeigt das sogenannte ‚Storchenbeispiel'. Selbst wenn in den Ländern, in denen die Anzahl dort ansässiger Störche besonders hoch ist, mehr Kinder geboren

werden als in anderen Ländern, muss die hohe Geburtenanzahl (zumindest nach dem jetzigen Stand der Wissenschaft) nicht zwangsläufig auf die Störche zurückzuführen sein."[36]

Oder anders ausgedrückt: Der Geburtenrückgang in Deutschland hat nichts mit der sinkenden Anzahl der Störche zu tun.

Doch Menschen tendieren dazu, als Schema gefestigte empirische Zusammenhänge stereotypisch weiterzudenken, und dabei von Kausalzusammenhängen auszugehen, deren scheinbare Wirkung zusätzlich noch überschätzt wird.

5.1.2.3. Die Persistenz

1978 erhielt der Psychologe Herbert A. Simon den Nobelpreis für Wirtschaftswissenschaften für seine Arbeiten über Entscheidungsfindung und künstliche Intelligenz, die das Verständnis des Problemlösens stark beeinflusst haben. Eine der fesselndsten und einflussreichsten Thesen Simons ist, dass Entscheidungsträger ihre Wahl nicht dadurch optimieren, dass sie alle möglichen Alternativen nach der Besten durchsuchen, sondern lediglich eine zufriedenstellende Lösung suchen. Das heißt, sie wählen die erste Alternative, die ihnen gut genug erscheint.

Diese These lässt sich durch die Parabel über den Bauern, der seinen Hemdknopf verloren hat, besonders schön veranschaulichen. Der Bauer braucht eine Nadel, um den Knopf wieder anzunähen – er hat sie aber im Heuhaufen verloren. Er könnte den Heuhaufen nach der Nadel durchsuchen; aber das ist zu mühsam, also beschließt er, nach irgendeiner Nadel zu suchen, die sich zum Annähen seines Hemdknopfes eignet. Plötzlich erinnert sich der Bauer, dass es in seinem Haus üblich ist, Hemden, deren Knöpfe fehlen, in die Waschküche zu hängen. Eine zufriedenstellende Lösung für unseren Bauern. Die Entscheidungsfindung bei einer Kapitalanlage ist damit vergleichbar: Auch der Anleger sucht eher nach einer einfachen Lösung, als dass er den Heuhaufen nach der schärfsten Nadel, also der besten Kapitalanlage, durchsucht.

Dieser Prozess wird auch Satisfying genannt und führt dazu, dass Entscheidungen vielfach nach simplen, intuitiven Kriterien getroffen werden. Ergebnis ist aber eben nicht die bestmögliche Alternative.

Die Zuhilfenahme von einfachen Regeln (Heuristiken) garantiert zwar keine optimalen oder konsistenten Entscheidungen, aber sie ist in der Praxis sehr beliebt, weil sie

[36] Goldberg, Joachim und Nitzsch, Rüdiger v.: Behavioral Finance. Gewinne mit Kompetenz. Finanzbuchverlag. München, 2. Auflage 2000, S. 80

durchaus eine zufriedenstellende Lösung liefern kann. Eine besondere Ausprägung dieser einfachen Regeln (Heuristiken) stellen die Börsenweisheiten dar.

5.2. Börsenweisheiten

Bei so genannten Börsenweisheiten handelt es sich meist um Aussagen erfolgreicher Spekulanten. Börsenweisheiten reflektieren die zusammengefassten Erfahrungen und wiederkehrenden Entwicklungen am Aktienmarkt. Sie eignen sich aufgrund ihrer Einfachheit besonders als Entscheidungsgrundlage für die Masse der Anleger, die sich nicht bei jedem Aktienkauf eine Fundamentalanalyse durchführen können. Aufgrund ihrer Allgemeinheit werden sie von vielen Anlegern als generelle Strategie für das Spekulieren verstanden. Letztlich sind Börsenweisheiten nichts anderes als eine Ausprägung der Repräsentativitätsheuristik, denn für viele Investoren sind sie feststehende Tatsachen, deren Auftretenswahrscheinlichkeit nicht überprüft werden muss. Vereinfacht gesagt sind Börsenweisheiten die Bauernregeln und Börsengurus die Wetterfrösche der Finanzmärkte.

Aber auch Bauernregeln haben für viele Menschen heute noch ihre Bedeutung, trotz der technologischen Möglichkeiten der modernen Meterologie. Schlussendlich gründen moderne wie alte Methoden der Vorhersage auf Beobachtungen der Vergangenheit. Im Börsengeschäft ist dies nicht anders – manchmal zum Schmunzeln, aber immer mit einem Quäntchen Wahrheit schärfen die Börsenweisheiten den Blick der privaten Anleger für die einfachen Zusammenhänge und Grundregeln an der Börse.

Oft überleben die einfachsten Weisheiten viele noch so neue Trends an der Börse. Vielleicht der berühmteste Satz der 1976 verstorbenen Wall Street-Legende Benjamin Graham lautet: »*Das größte Problem für Anleger - und ihr schlimmster Feind - sind wohl sie selbst.*«

Börsenweisheiten können dabei helfen, die psychischen Fallen zu umgehen, um sich zumindest auf dem Börsenparkett in einen Homo oeconomicus zu verwandeln. Die Sinnhaftigkeit der meisten dieser Weisheiten ist allgemein akzeptiert. In den folgenden Abschnitten sind die Wichtigsten zusammengetragen.

Aber Vorsicht: Trotz aller Regeln und Weisheiten für den Anlageerfolg ist die Zahl der Verlierer an der Börse nicht geringer geworden. Denn sinnvolle Verhaltensregeln zu kennen ist nur der erste Schritt zum Erfolg. Sie zu befolgen ist ein weiterer. Im entscheidenden Moment vertraut der Anleger häufig doch auf seine Intuition - oft zu seinem eigenen Schaden.

5.2.1.1. Börsenphilosophie

Von John Maynard Keynes (1883-1946) stammt die Börsenweisheit: *»Das Geheimnis des Börsengeschäfts liegt darin, zu erkennen, was der Durchschnittsbürger glaubt, dass der Durchschnittsbürger tut.«*

Denn wenn ein Anleger eine aktive Strategie verfolgt, muss er nicht nur die Börsenbewegungen antizipieren können, er muss darüber hinaus auch Annahmen über die Erwartungen der anderen Marktteilnehmer hinsichtlich der Börsenbewegungen treffen. Diese werden – wie schon erläutert – hauptsächlich durch die Befindlichkeit der Marktteilnehmer beeinflusst.

So rational die Argumente für eine Kursbewegung auch sein mögen, sie schlagen sich nicht ohne das psychologische Fundament in den Notierungen nieder. Darum gilt: Börsen können sich über längere Zeiträume irrational verhalten. Dies fasst Keynes folgendermaßen zusammen: *»Es gibt nichts, was so verheerend ist, wie ein rationales Anlageverhalten in einer irrationalen Welt.«*

Von Benjamin Graham (1894-1976) stammt die Börsenweisheit: *»Geduld ist die oberste Tugend des Investors.«*

Diese Börsenregel orientiert sich an der Buy-and-Hold-Strategie dessen bekannteste Verfechter Graham, Warren Buffet und André Kostolany sind. Nach dieser Strategie werden ausgewählte Aktien mit einem großen Wachstumspotenzial gekauft und langfristig gehalten. Die Aktien werden aber nicht zu jedem Preis gekauft. Ein hohes Kurs-Gewinn-Verhältnis kann zum Beispiel ein Zeichen dafür sein, dass die Aktie zu teuer ist. Darum würde ein Investor, der sich nach dieser Börsenregel verhält, abwarten, bis der Kurs der Aktie wieder gesunken ist. Viel besser ist es allerdings, sich am Markt nach Alternativen umzusehen. Es gibt genug davon.

5.2.1.2. Kursbewegungen

Von André Kostolany (1906-1999) stammt die Börsenweisheit: *»Für die Kursentwicklung ist nur wichtig, was sich morgen und übermorgen ereignet. Was heute geschieht, ist in den Kursen bereits enthalten.«*

Denn die Erwartungen der Investoren hinsichtlich der Entwicklung des Marktes und einzelner Aktien schlagen sich in den Börsenkursen nieder. Aus den Gesamterwartungen ergibt sich schließlich der Börsenkurs. Änderungen der Aktienkurse kommen somit nur dann zustande, wenn sich die Einschätzung der Marktteilnehmer über die Zukunft ändert oder sich etwas Unvorhergesehenes ereignet. Demzufolge sind volkswirtschaftliche Indikatoren oder unternehmerische Ereignisse die häufigsten Auslöser von Kursbewegungen.

Dies führt gelegentlich dazu, dass der Aktienkurs eines Unternehmens steigt, obwohl das Unternehmen einen schlechten Abschluss oder gar einen Verlust präsentiert hat. Diese Entwicklung kann meistens darauf zurückgeführt werden, dass die Mehrzahl der Marktbeobachter von einem noch schwächeren Ergebnis ausgegangen ist.

Für den privaten Anleger ist es demnach von Bedeutung, ob sich seine Erwartungen über die Zukunft mit denen des Marktes decken oder nicht. Die Fakten und Zahlen der Vergangenheit, die statistisch ausgewertet werden können, sagen höchstens etwas darüber aus, mit welcher Wahrscheinlichkeit die Prognose eintrifft. Des weiteren sollte der Anleger die Börsenweisheit *»ein fallendes Messer sollte man nicht auffangen«* berücksichtigen.

Wenn also die Börsenkurse fallen, sollte man nicht sofort Aktien nachkaufen, nur weil es gerade etwas günstiger ist, sondern erst abwarten, bis sich langsam ein Boden herausgebildet hat. Erst dann kann nämlich davon ausgegangen werden, dass der Abwärtstrend gestoppt ist und es wieder zu einem Anstieg kommen kann. Die Gültigkeit dieser Weisheit war an den Aktienmärkten seit Frühjahr 2000 bis 2002 sehr gut zu beobachten. Wer in dieser Zeit Aktien nachkaufte, begab sich in die Gefahr, bei der Talfahrt der Kurse auf halbem Wege einzusteigen. Die Konsequenz war, dass der Anleger viel Geld verlor, weil er in das »fallende Messer« gegriffen hatte.

5.2.1.3. Titelauswahl

Jesse Livermore (1877-1940) brachte es auf den Punkt: *»Folge nie einem Börsentipp!«*

Viele Anleger glauben, Börsenexperten wüssten Dinge über Aktien, die andere nicht wissen. Dies ist aber nur ein Irrglaube. Marktprofis sind zweckoptimistische Personen. Warren Buffet formierte diese Tatsache noch viel prägnanter: *»Wer seinen Broker nach einem Tipp fragt, kann auch seinen Friseur fragen, ob er einen Haarschnitt empfiehlt.«* Auch dem vermeintlich todsicheren und vertraulichen Börsentipp sollte man nicht vertrauen. Denn er beruht mit an Sicherheit grenzender Wahrscheinlichkeit auf einem Gerücht, einer Spekulation oder einer wissentlichen Fehlinformation. Das wohl bekannteste Beispiel für den Eigennutz von Analysten sind die im Jahr 2000 vielfach erstellten Analysen von Internetunternehmen, die viele Unternehmen als besonders vielversprechend darstellen, die in Wirklichkeit keinerlei langfristige Geschäftsperspektive hatten. Machen Sie sich doch einmal den Spaß, sehen sich die Analyse von Internetunternehmen des Jahres 2000 an und vergleichen Sie sie mit den heutigen Zahlen. Sie werden äußerst erstaunt sein, welcher »Schwachsinn« dort teilweise in den Analysen steht.

Zum Thema Titelauswahl ist wohl eine der bekanntesten Börsenweisheiten von Warren Buffet: »*Eine Aktie, die man nicht zehn Jahre zu halten bereit ist, darf man auch nicht zehn Minuten besitzen.*«

Diese Weisheit von Buffet lässt sich auf einen einfachen Nenner bringen: Hände weg von den Verlockungen des schnellen Börsengewinns. Wer darauf setzt, geht erhebliche Risiken ein. Auch diese Regel lässt sich durch die Neue Markt-Hausse von 1997 bis 2000 verifizieren. Viele Kleininvestoren trachteten damals nach ihrem Anteil an den teilweise sagenhaften Gewinnen der ersten Handelstage. Zugeteilte Titel wurden vielfach am ersten oder zweiten Börsentag wieder abgestoßen. Nicht immer ging diese Rechnung auf. Nicht wenige dieser Titel wurden sogar wieder vom Markt genommen. Denn den höheren Gewinnaussichten von Aktien stehen erfahrungsgemäß größere Kursschwankungen gegenüber. Deswegen eigenen sich Aktien hauptsächlich für langfristige Investitionen. Nur so kann man überraschende Kursrückschläge getrost aussitzen. Je kürzer der Zeithorizont ist, umso eher sollte man sich sichereren Papieren, wie zum Beispiel Anleihen, zuwenden.

5.2.1.4. Kaufen

Eine bekannte Börsenweisheit von Waren Buffet lautet: »*Auch für eine hervorragende Aktie kann man zu viel bezahlen.*« Haben die Aktienkurse eines gewinnträchtigen Unternehmens erst einmal zu einem Höhenflug abgehoben, so macht man sich besser auf die Suche nach anderen Investitionsmöglichkeiten. Schließlich gilt ein hohes Kurs-Gewinn-Verhältnis (KGV) als wichtigstes Indiz für eine (zu) teure Aktie. Je höher das Verhältnis, umso sicherer muss man sich sein, dass die erwarteten Gewinne auch tatsächlich so eintreffen. Andernfalls muss man immer mit einer entsprechenden Kurskorrektur rechnen. Vom Investor ist darum, wie bereits erwähnt, viel Geduld gefordert und er muss abwarten, bis die Aktien wieder zu einer vernünftigen Bewertung zurückkommen. Anleger dürfen auf keinen Fall den Fehler machen, das Gewinnpotenzial der Wachstumsaktien in Relation zu den Substanzaktien zu überschätzen. So wurden beispielsweise in den späten 60er und frühen 70er Jahren amerikanische Wachstumsaktien wie Unisys, IBM, Polarid, Walt Disney und Xerox in ungeahnte Höhen getrieben. Damals waren die Anleger bereit, ein KGV bis zu 110 für diese Aktien zu bezahlen. Als die Spekulationsblase platzte, reduzierte sich das KGV bis auf 20. Einige der Aktien konnten bis heute ihre Kursverluste nicht mehr aufholen, andere brauchten mehrere Jahre oder sogar Jahrzehnte. Aber alle haben gemeinsam, dass das hohe KGV von 110 nie wieder erreicht wurde. Sie sehen also, wie wichtig die Disziplin beim Kauf von Aktien ist.

André Kostolany sagte einmal: *»Kaufe, wenn es mehr Aktien als Idioten an der Börse hat; verkaufe, wenn es mehr Idioten als Aktien an der Börse hat!«*

Kostolany's Börsenweisheit kommt besonders in der letzten Phase eines Aufschwungs, der so genannten »Dienstmädchen-Hausse« zum Tragen. In dieser Phase des Börsenaufschwunges ist die Euphorie so groß, dass breite Bevölkerungskreise an die Börsen drängen – so zuletzt geschehen während des Aufschwungs der Hightech- und Internettitel in der letzten Phase der Neuen Markt-Hausse in den Jahren 1999 bis 2000. In diesem Fall stehen den wenigen noch verbleibenden potenziellen Käufern viele potenzielle Verkäufer gegenüber. In dieser Phase kann schon das unbedeutendste Ereignis einen Crash auslösen.

5.2.1.5. Verkaufen

André Kostolany stellte fest: »*Man verliert nicht, bis man verkauft.*« Private Anleger haben gegenüber den Profis den Vorteil, dass sie nur sich selbst Rechenschaft über die erzielte Rendite ablegen müssen. Daher können sie getrost einen Buchverlust aussitzen – der nächste Aufschwung an den Börsen kommt bestimmt. Nicht umsonst stellte dazu John Kenneth Galbraith fest: »*Die Börse ist wie ein Paternoster. Es ist ungefährlich, durch den Keller zu fahren. Man muss nur die Nerven behalten.*« Aber man darf diese Börsenregel nicht als Freifahrtschein interpretieren, und unter allen Umständen auf seinen Aktien sitzenbleiben. Ist der Kursrückgang einer Aktie wirtschaftlich begründet und nachvollziehbar, sollte man sich lieber früher als später von ihr trennen.

Eine weitere Börsenregel sagt aus: »*Wenn es zu schön wird, dann verkaufe die Hälfte!*« Diese eiserne Regel findet in Euphoriephasen Anwendung. Oft stoppt der Markt übertriebene Höhenflüge von Aktien sehr abrupt. Beispielhaft ist wiederum die Geschichte der Internet- und Hightechtitel in den Jahren von 1999 bis 2001. Der erste Handelstag nach dem Börsengang brachte den erfreuten Aktienbesitzern Schwindel erregende Gewinne. Das Glück war aber nur von kurzer Dauer, da im Frühjahr 2000 die Aktienkurse zu fallen begannen.

Darum kann es in einer Börseneuphorie sinnvoll sein, einen Teil der Buchgewinne zu realisieren und mit dem zweiten Teil auf einen weiteren Kursanstieg zu spekulieren. Wann der richtige Zeitpunkt für den Verkauf gekommen ist, muss jeder einzelne Anleger selbst beurteilen. Hinweise für den richtigen Verkaufszeitpunkt liefern beispielsweise das Kurs-Gewinn-Verhältnis oder Vergleiche mit den Konkurrenten.

5.2.1.6. Erfolg

Nach George Soros wird an der Börse nicht nur Kapital gegen Wertpapiere getauscht, sondern auch Risiken gehandelt: »*Wer den Verlust fürchtet, kann keine Gewinne machen.*«

Nach Soros übernehmen Investoren zunächst Risiken (Kursverluste) und erhalten dafür einen Gewinn in Aussicht gestellt. Je höher die eingegangenen Risiken sind, umso größer sollten die Gewinnaussichten sein, damit ein Käufer das Geschäft tätigt. Die so genannte risikolose Anlage gibt es nicht. Selbst dem Sparbuch wohnt eine – wenn auch geringe – Wahrscheinlichkeit inne, dass das Geld verloren gehen könnte. Wer jegliches Risiko vermeiden möchte, kann sich gegen alle Eventualitäten absichern – bezahlt dafür aber eine extrem hohe Prämie. Für den extrem risikoaversen Aktienanleger ist dies im besten Fall ein Nullsummenspiel. Ängstliche Spekulanten können ihrem Leben nicht viel abgewinnen, da sie ihre ganze Kraft dafür einsetzen müssen, nicht zu verlieren.

Letztendlich wechseln sich bei allen Investoren Erfolge und Misserfolge ab. So resümierte schon André Kostolany: »*Die Börsenspekulation ist wie eine Skatpartie: Man muss mit guten Karten mehr gewinnen, als man mit schlechten Karten verliert.*« Zudem kann man immer nur im Rückblick feststellen, wie erfolgreich man als Investor ist. Private Anleger verfolgen mit ihren Kapitalanlagen meistens bestimmte persönliche Ziele, wie die Altersvorsorge, den Hauskauf oder andere Anschaffungen. Die erzielten Gewinne einzelner Kapitalanlagen sind somit nur ein Schritt auf dem Weg zu diesem übergeordneten Ziel. Je näher dieses Ziel rückt, umso schwerwiegender sind Rückschläge. Aus dieser Warte betrachtet sind Anlagen in der letzten Ansparphase die risikoreichsten, können doch alle früheren Gewinne wieder verloren gehen. Mit dem Näherrücken der Ziellinie empfehlen sich daher risikoärmere Anlagen wie beispielsweise Anleihen.

5.3. Gewinn- und Verlustwahrnehmung

Jeder Entscheidungsprozess lässt sich normalerweise in drei Phasen aufteilen: Die Informationswahrnehmung, die Informationsverarbeitung und die Bewertung. In Abschnitt 5.1. wurde beschrieben, wie Anleger vorgehen, um komplexe Sachverhalte zu vereinfachen. Dabei bezogen sich die Ausführungen auf die beiden ersten Phasen der Informationswahrnehmung und -verarbeitung. In diesem Abschnitt geht es nun um die letzte Stufe, die Bewertung, und dabei vor allem um die relative Bewertung, die für alle Anleger typisch ist. Denn es gilt: Alles ist relativ, sogar die Wahrnehmung von Gewinnen und Verlusten. Schon Kostolany sagte: »*Börsengewinne sind Schmerzensgelder, erst kommen die Schmerzen und dann das Geld.*«

5.3.1. Suchen nach einen Bezugspunkt

Der Anleger nimmt das Börsengeschehen nicht nur relativ wahr, er bewertet es auch relativ. Sowohl in der Wahrnehmung als auch in der Bewertung gibt es einen neutralen Punkt (»Reference Point«). Er stellt den Normalzustand dar. Der »Reference Point« ist bei der Bewertung eines Aktienengagements für die meisten Anleger der Einstiegskurs.

Hat beispielsweise ein Anleger eine Aktie für 125 Euro gekauft, so wird dieser Einstandspreis als Bezugspunkt gewählt. Daraus folgt: Steigt die Aktie auf 130 Euro, freut sich der Anleger über einen Gewinn von 5 Euro. Fällt die Aktie auf 120 Euro, so ärgert er sich über einen Verlust von 5 Euro. Die Wahrnehmung und Bewertung von Gewinnen und Verlusten ist bezugspunktabhängig. Sollte dieser Bezugspunkt verschoben werden, kann sich damit auch das Entscheidungsverhalten des Anlegers grundlegend verändern. Das hört sich zunächst einmal ziemlich banal an, hat aber weitreichende Konsequenzen, wenn man bedenkt, dass Menschen Ereignisse und Ergebnisse mit einer abnehmenden Sensitivität bewerten, je weiter diese vom Bezugspunkt entfernt liegen.

So führt die abnehmende Sensitivität dazu, dass man sich im Gewinnbereich über den ersten Euro Gewinn mehr freut als über den zweiten, über den zweiten mehr als über den dritten etc. Im Verlustbereich zeigt die abnehmende Sensitivität zunächst dieselbe Wirkung, aber mit einem entscheidenden Unterschied. So ärgert sich ein Anleger über den ersten Euro Verlust am meisten, beim zweiten wird es schon weniger, etc.

So beobachtet man, dass ein Anleger, der für 125 Euro eine Aktie erworben hat, sich über einen Kursverfall auf 120 Euro ziemlich ärgert. Wenn aber aufgrund eines starken Abschwunges die Aktie weiter fällt und sie nur noch 90 Euro Wert ist, so kann dieser Verlust kaum noch schmerzen. Anleger sagen dann häufig: »*Darauf kommt es jetzt auch nicht mehr an*«.

Dieses Phänomen wird als »Loss aversion« (Verlustaversion) bezeichnet. Demnach werden Verluste meist stärker wahrgenommen als Gewinne in gleicher Höhe. Wieso ist das so? Dieser Frage gehen wir im nächsten Abschnitt nach.

5.3.2. Loss Aversion

Um die Loss Aversion verstehen zu können, muss man auf das Konzept der mentalen Konten (siehe Seite 66 ff.) zurückgreifen. Dabei wurde rationales Handeln im Sinne eines »Homo oeconomicus« vorausgesetzt. Demnach berücksichtigen Anleger bei ihren Entscheidungen ausschließlich, welche Auswirkungen sich auf das Gesamtvermögen ergeben. Damit ist gemeint, dass sie den Erhalt eines Geldbetrags unabhängig von seiner Herkunft identisch wertschätzen. Darum freut sich ein rationaler Mensch über einen Gewinn aus einem Aktiengeschäft genauso wie über ein Geldgeschenk in gleicher Höhe oder wie über eine zusätzliche Bonifikation seines Arbeitgebers. Die Realität sieht allerdings anders aus. Menschen führen – wie bereits erläutert – in ihrem Kopf gedanklich eine Reihe von Konten, so genannten Mental Accounts, in denen sie Zahlungen für alle ihre Projekte bzw. Engagements verbuchen. Und jedes Konto wird separat abgerechnet. Deshalb kann die Bewertung für jedes Konto anders aussehen: Ein Euro kann für ein Konto viel sein, für ein anderes wenig. Das lässt sich damit erklären, dass mit jedem Konto verschiedene Erwartungen verknüpft sind. Für eines kann der Betrag über den Erwartungen liegen und somit als Gewinn aufgefasst werden, während für ein anderes Konto derselbe Betrag unter den Erwartungen liegt und als Verlust angesehen wird.

Um die Zusammenhänge zwischen der Loss Aversion und den mentalen Konten besser zu verstehen, müssen wir uns zunächst im Detail ansehen, wie Bewertungen im mentalen Konto durchgeführt werden.

5.3.2.1. Ein Modell für Bewertungen im mentalen Konto

Zunächst einmal liegt in jedem Mental Account eine bestimmte Charakteristik in der Bewertung vor, wie sie mit der so genannten Wertefunktion in der nachfolgenden Abbildung 1 veranschaulicht wird.

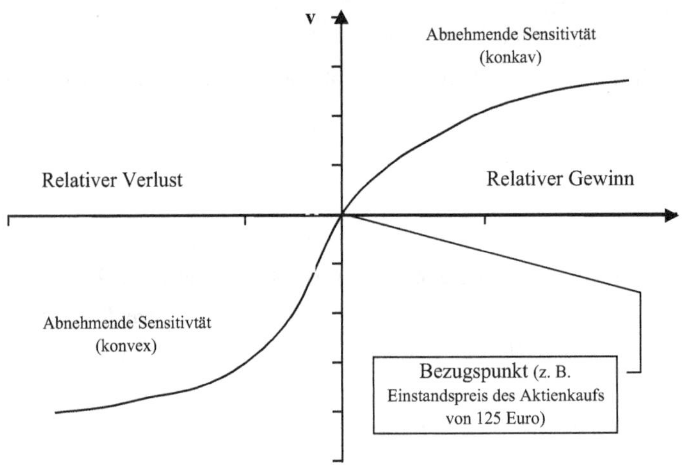

Abbildung 1: Wertefunktion (relatives Bewerten in einem Mental Account)

In der Mitte der Abbildung 1, also im Koordinatenursprung, liegt der Bezugspunkt (»Reference Point«) für die Bewertung. Dargestellt am obigen Beispiel entspricht dieser Bezugspunkt dem Einstandspreis von 125 Euro. Eine Bewertung ist hier noch neutral, deshalb erhält die Wertefunktion v einen Wert von v=0. Rechts neben dem Bezugspunkt liegt der Bereich für eine positive Bewertung. Man erkennt, dass mit zunehmender Entfernung vom Bezugspunkt auch die Bewertung eines identischen Geldbetrages abnimmt. Wird in der Nähe des Bezugspunktes 1 Euro Kursunterschied noch recht hoch bewertet, so sinkt die Bewertung jedes zusätzlichen Euros mit der Entfernung vom Bezugspunkt. Infolgedessen bewirkt die abnehmende Sensitivität eine Rechtskrümmung (konkav) der Wertefunktion im Gewinnbereich. Links vom »Reference Point« befindet sich der Verlustbereich. Aufgrund der abnehmenden Sensitivität hat sie einen umgekehrten Kurvenverlauf als im Gewinnbereich, d. h. die Wertefunktion verläuft im Verlustbereich links gekrümmt (konvex).

Der konkave Verlauf der Wertefunktion im Gewinnbereich und der konvexe Verlauf im Verlustbereich haben Konsequenzen für das Risikoverhalten des Anlegers. Im Gewinnbereich führt die abnehmende Sensitivität tendenziell zu einer Risikoablehnung, während sie im Verlustbereich zur Risikofreude führt. Zusätzlich ist aus Abbildung 1 zu entnehmen, dass, wenn ein sicherer Gewinnbetrag mit einer 50%igen-Chance mit einem doppelt so hohen Gewinn verglichen wird, der doppelte Gewinn aufgrund der abnehmenden Sensitivität nicht mit der doppelten Freude wahrgenommen wird. Zugleich wird dieser subjektive Wert durch die 50%ige-Wahrscheinlichkeit noch halbiert. Demzufolge stellt sich die sichere Alternative als vorteilhafter heraus. Das bedeutet, dass aufgrund der abnehmenden Sensitivität gegen die riskante und für die sichere Alternative entschieden wird, d. h. es wird sich risikoavers verhalten.

Im Verlustbereich sieht das anders aus. Dort verhält man sich plötzlich risikofreudig, d. h., man entscheidet sich gegen einen zwar sicheren, aber dafür überschaubaren Verlust und nimmt das Risiko auf sich, einen noch höheren Verlust einzufahren, aber die kleine Chance auf einen Gewinn zu behalten.

Zusammenfassend kann man sagen, dass sich Anleger hinsichtlich riskanter Alternativen beim Übergang von Gewinnen zu Verlusten genau entgegengesetzt zu verhalten. Man spricht deshalb auch vom »Reflection-Effekt«. Dieses Verhalten wird durch folgendes Lotterieexperiment[37] bestätigt. Dazu soll der Proband entscheiden, welche der beiden Lotterien er spielen würde:

1. In Lotterie A können Sie mit 50%iger Wahrscheinlichkeit 500 €, mit 50%iger Wahrscheinlichkeit 700 € gewinnen. Sind Sie für 600 € bereit, A zu spielen?
2. In Lotterie B können Sie mit 50%iger Wahrscheinlichkeit 500 € verlieren, mit 50%iger Wahrscheinlichkeit 700 € verlieren. Sind Sie bereit, 600 € zu zahlen, um Lotterie B nicht spielen zu müssen?

Die typischen Antworten der Probanden sind, NEIN zu Lotterie A und JA zu Lotterie B. Die typischen Anleger sind also bei Lotterien mit Gewinnen risikoavers und bei

[37] vgl. Hens, Torsten: Behavioral Finance. Die neue Sicht auf die Finanzmärkte. S. 4; http://www.iew.unizh.ch/grp/hens/papers/vonGraffenried.pdf

Lotterien mit Verlusten risikofreudig. Schließlich würde man sich über den Verlust mehr ärgern, als über den Gewinn freuen.

Sieht man sich die Wertefunktion aus Abbildung 1 genauer an, so stellt man fest, dass sie im Verlustbereich deutlich steiler ist als im Gewinnbereich. Insofern bewerten Anleger Gewinne und Verluste identischer Größenordnung unterschiedlich, ebenso die Wahrscheinlichkeiten identischer Gewinne und Verluste. Verluste werden gefühlsmäßig als gravierender eingestuft als Gewinne in gleicher Höhe.

Bis jetzt haben wir uns eigentlich nur allgemein mit dem Phänomen der »Loss Aversion« auseinandergesetzt. Wie stark ist aber die »Loss Aversion« bei einem einzelnen Anleger ausgeprägt?

5.3.2.2. Die »Loss Aversion« im Wechselspiel mit dem Anleger

Zur Beantwortung der Frage, wie stark die »Loss Aversion« beim einzelnen Anleger ausgeprägt ist, spielt das Konzept der Dissonanz (siehe Seite 40 ff.) eine wichtige Rolle. Verluste gehen mit Dissonanz einher und je stärker diese empfunden wird, desto stärker fällt die »Loss Aversion« aus.

»Loss Aversion« bedeutet, dass Menschen versuchen, Enttäuschungen zu vermeiden um stattdessen Befriedigung zu erhalten. Die Befriedigung kann darin bestehen, dass eine Enttäuschung (wie der Verkauf einer Aktie im Verlust) vermieden werden kann. Daher wird nicht unbedingt das Risiko minimiert, sondern nur die gegenwärtigen und zukünftigen Enttäuschungen und zwar unabhängig vom Risikograd der Entscheidung. Der Börsenmakler Leroy Gross brachte dies auf den Punkt: »*Viele Anleger wollen nie mit Verlust verkaufen. Sie wollen nicht die Hoffnung aufgeben, mit einer bestimmten Investition Geld zu verdienen oder sie wollen wenigstens an den Punkt kommen, wo sie ohne Verlust verkaufen können. Egal, was das für Konsequenzen hat.*«

Von ganz wesentlicher Bedeutung ist, dass die Verlustaversion umso mehr Auswirkungen auf das Verhalten des Anlegers zeigt, je intensiver er Mental Accounting betreibt. Von einem intensiven Mental accounting wird dann gesprochen, wenn der Anleger alle seine Kapitalanlagen isoliert betrachtet.

Folgendes Beispiel soll das illustrieren. Ein Anleger hat mit der Allianz-Aktie einen Verlust von 100 Euro erlitten, aber mit der SAP-Aktie einen Gewinn von 200 Euro gemacht. Wie kann er diese Ergebnisse mental verbuchen? Er kann zum einen für jede Aktienposition im Kopf ein gesondertes Konto führen und somit zugleich einen

Gewinn und einen Verlust wahrnehmen. Man spricht in diesem Zusammenhang auch von »Segregation«.

Aufgrund der abnehmenden Sensitivität gilt, dass er sich über die zweiten 100 Euro Gewinn der SAP-Aktie weniger freut, als er sich über den Verlust von 100 Euro der Allianz-Aktie ärgert. Verbucht er die Engagements aber in einem gemeinsamen Konto (»Integration«), wird der Verlust gegen einen Teil des Gewinnes verrechnet, und der Anleger nimmt insgesamt einen Gewinn von 100 Euro wahr. Eine Integration dieser beiden Aktienanlagen führt somit zur höheren Zufriedenheit.

Integriert ein Anleger alle Engagements und analysiert nur sein Gesamtportfolio, so verliert die Verlustaversion an Bedeutung, da keine Einzelrisiken mehr betrachtet werden. Darüberhinaus ist Integration notwendig, um Effekte aus einer möglichen Diversifikation erkennen zu können. Ein integrierender Anleger wird unter Kenntnis der Risikokompensation eher bereit sein, auch einzelne riskante Wertpapiere in sein Portfolio aufzunehmen, wenn sie durch stochastische Unabhängigkeiten oder sogar Gegenläufigkeiten zu den anderen Wertpapieren risikomindernde Wirkung auf das Gesamtdepot des Investors haben können. Dagegen wird ein segregierender Investor, der per se nicht sehr risikofreudig ist, von riskanten Wertpapieren eher Abstand nehmen.

Unter einem zeitlich segregierenden Investor würde beispielsweise ein Daytrader fallen, der jeden Tag seinen Gewinn bzw. vielmehr – wie das Ergebnis einer aktuellen Studie der North American Securities Administrators Association für die Mehrzahl aller untersuchten Daytrader lautet – seinen Verlust wahrnimmt und bewertet. Ein zeitlich vollständig integrierender Investor orientiert sich hingegen bei seinen Aktienanlagen so langfristig, dass ihn zwischenzeitliche Verluste noch nicht zur Dissonanz führen. Er geht weiterhin davon aus, dass er mit seinem diversifizierten Aktienportfolio eine höhere Rendite als im Rentenmarkt erzielen wird. Sein mentales Konto ist daher noch lange nicht abgeschlossen.

Viele Anleger sind aber nicht dem vollständig integrierten Typ zuzurechnen, sondern sie führen zwischenzeitliche Bewertungen durch. Insbesondere die institutionellen Investoren, die spätestens zu jedem Jahresende eine Bewertung ihrer Anlagen vornehmen müssen, können nicht vollständig integriert handeln. Daraus ergeben sich auch Konsequenzen für den Aktienmarkt. Eine ist der Januar-Effekt. Demnach können im Januar höhere Renditen erzielt werden, als in den anderen Monaten des Jahres. Offenbar führt der Jahresabschluss der realen und mentalen Konten zu einer Neueröffnung der Konten und zu einem systematischen Neuaufbau von Positionen.

Eine andere Verhaltensanomalie im Anlageverhalten, die aus der »Loss Aversion« resultiert, ist, dass Anleger dazu neigen, nach anfänglichen Verlusten höhere Risiken einzugehen. Selbst professionelle Anleger sind nicht frei von diesem Fehlverhalten, wie das folgende Beispiel zeigt.

> „1995 sprengte Nicholas Leeson die 232 Jahre alte Bank Barings PLC, bei der er als Trader angestellt war. 1992 begann er ‚Rogue Trading', um die Fehler seiner Mitarbeiter zu verstecken. Hierdurch machte er ebenso einen grossen Verlust. Entgegen der Verhaltensannahme des traditionellen Finance reagierte er aber nicht mit grösserer Zurückhaltung gegenüber weiteren Risiken, sondern er nahm nun verstärkt neue Risiken in Kauf, um noch eine Chance zu haben, die Verluste wieder auszugleichen. Leeson erklärte sein Verhalten später mit den Worten: ‘I gambled on the stock market to reverse my mistakes and to save the Bank.’ Leider erhöhten sich die Verlust jedoch auf 1,4 Mrd. US$, was die Barings Bank in den Ruin trieb.“[38]

Eine weitere Konsequenz der »Loss Aversion« ist der »Dispositionseffekt« (siehe S. 103 ff.), also die Neigung der Anleger, erfolgreiche Investments zu schnell und verlustreiche zu spät zu verkaufen. Dieser Effekt ist typisch für langfristig orientierte Privatanleger.

Zusätzlich schlägt sich die »Loss Aversion« in gravierenden Unterschieden zwischen den Kauf- und Verkaufspreisen nieder, die ein Anleger für noch akzeptabel hält. Dieser Effekt ist wesentlich größer, als die Überlegungen zum Risiko oder zu den Transaktionskosten im Einzelfall rechtfertigen würden. Durch solche Differenzen werden im Verlustbereich ansonsten für möglich erachtete Transaktionen verhindert. Deshalb sind Aktienumsätze im Kursaufschwung höher als im Kursabschwung. Vor allem Privatanleger scheuen sich davor, im Crash zu verkaufen. So auch Mitte 2000, als es zu den ersten Einbrüchen an den Aktienmärkten kam: Nur wenige Anleger änderten daraufhin ihre Anlagestrategie und realisierten ihre Verluste. Der Abwärtstrend sollte aber länger als erwartet andauern. In der Zwischenzeit wurden die Kursverluste an den Aktienmärkten so hoch, wie seit dem 2. Weltkrieg nicht mehr. Dieses Phänomen wird auch Sunk-Cost-Effekt genannt.

---

[38] Hens, Torsten: Behavioral Finance. Die neue Sicht auf die Finanzmärkte. S. 7; http://www.iew.unizh.ch/grp/hens/papers/vonGraffenried.pdf

5.3.3. Der Sunk-Cost-Effekt

Folgendes Beispiel soll den Sunk-Cost-Effekt verdeutlichen:

> „Ein Student besitzt ein älteres Auto mit einer defekten Zylinderkopfdichtung, die er reparieren lässt. Kosten: 1.000 DM. Danach fährt das Auto einige Tage lang wunderbar, bis das Getriebe ausfällt. In der Werkstatt angekommen, erfährt der Student, dass eine Reparatur noch einmal ca. 2.000 DM kosten würde. Zugleich rät man ihm von der Reparatur ab, denn das Auto wäre gar nicht mehr soviel wert, nur mit viel Glück würde es noch durch den nächsten TÜV kommen. Er solle sich ein neues Auto besorgen, dies sei sinnvoller. Der Student entscheidet sich aber dennoch für die Reparatur, schließlich hat er erst vor kurzer Zeit 1.000 DM in seinen fahrbaren Untersatz investiert. Wenn er jetzt sein Auto verschrotten würde, hätte er sich dieses Geld doch sparen können."[39]

Ähnlich verhält sich ein Anleger, dessen Aktien an Wert verloren haben. Genauso wie der Student hat er eine Investition (Kaufpreis der Aktien) getätigt, die für ihn unglücklich verlaufen ist. Nun steht er vor der Wahl, seine Aktien zu verkaufen und somit seine Verluste zu realisieren, nichts zu tun oder sogar weitere Aktien nachzukaufen. Die meisten Anleger werden nun risikofreudig und beenden ihr Engagement nicht.

Der Sunk-Cost-Effekt beschreibt also die Tatsache, dass bei einem Engagement bereits angefallene Kosten die Bereitschaft zur Beendigung des Projekts vermindern bzw. die Bereitschaft zu weiteren Investitionen in dieses Projekt erhöhen. Insofern sind die Sunk-Costs sozusagen die »versunkenen Kosten«, die schon in ein Engagement geflossen sind und nicht mehr rückgängig gemacht werden können. In dem Autobeispiel sind die Sunk-Costs die unwiederbringlichen Reparaturkosten in Höhe von 1000 DM für die erste Reparatur. Doch sollten die früher getätigten, »versunkenen« Kosten bei einem rationalen Vorgehen des Anlegers keinen Einfluss auf die aktuellen Entscheidungen haben. Vielmehr sollten neue Engagements lediglich prospektiv danach beurteilt werden, welche Gewinnerwartungen sie für die Zukunft bieten. Doch welche Konsequenzen hat der Sunk-Cost Effekt auf das Verhalten eines Anlegers? Die Antwort findet sich in folgender Aussage eines Anlegers: »*Mein Geld wird kontinuierlich weniger, zuerst investierte ich in den Emerging Markets, danach in Optionsscheine, jetzt am Neuen Markt. Das alles, um die Anfangsverluste irgendwie wieder aufzuholen. Was soll ich machen! Auf meinem Anlagekonto herrschen Raubbau*

---

[39] Goldberg, Joachim und Nitzsch, Rüdiger v.: Behavioral Finance. Gewinne mit Kompetenz. Finanzbuchverlag. München, 2. Auflage 2000, S. 95 ff.

und Verwüstung, die aktuelle Performance liegt bei ca. -95 %. Ist meine Lage hoffnungslos?«

Der Sunk-Cost-Effekt bewirkt also, dass an erfolglosen Projekten – auch wenn sich deren Misslingen schon frühzeitig abzeichnet – unverhältnismäßig lange festgehalten oder sogar weiter in sie investiert wird. Eine weitere Folge des Sunk-Cost-Effektes ist, dass es zu einer Wiederholung unsinniger Entscheidungen kommen kann, wie die Aussage des Anlegers zeigt.

Grund dafür ist, dass Anleger ihre Entscheidungen korrekt und genau treffen wollen. Deshalb rechtfertigen sie ihre Anlageentscheidungen möglichst lange vor sich und anderen. Folglich fällt es den meisten Anlegern schwer, frühere Entscheidungen als falsch zu erkennen. Viel eher neigen sie dazu, einmal getroffene Entscheidungen durch Wiederholung zu bestätigen.

Der Rat vieler Börsenexperten in Verlustsituationen nachzukaufen, macht nur in Hinblick auf die optisch niedrigeren Durchschnittskurse Sinn, in Hinblick auf eine optimale Investmentstrategie nicht. Man sollte sich in solchen Verlustsituationen eher an diesen Rat orientieren: »*Werfe gutes Geld nicht dem Schlechten hinterher!*« Dennoch sollten wir kritisch den Rat der Börsenexperten zum Nachkauf von Aktien im Verlust hinterfragen. Ist die Annahme so vieler Börsenexperten wirklich grundsätzlich falsch? Oder führt der Nachkauf von Aktien zu einer anderen psychologischen Haltung des Anlegers? Diese Fragen werden im nächsten Abschnitt beantwortet.

5.3.4. Alles ist relativ - Änderung des Bezugspunktes der Wertefunktion

Zu Beginn dieses Abschnittes wurde das typische Vorgehen bei der Bewertung von Sachverhalten dargestellt. Hierbei zeigte sich, dass ein bestimmter Bezugspunkt im Zusammenspiel mit abnehmender Sensitivität wesentlich das Entscheidungsverhalten der Anleger beeinflusst. In den anschließenden Ausführungen war jeweils die Lage des Bezugspunkts in der Wertefunktion (siehe S. 105 ff.) durch den Kaufkurs der Aktie gegeben. So wurde vorausgesetzt, dass ein relativer Gewinn immer dann wahrgenommen wird, wenn der Kurs über den Bezugspunkt steigt und ein Verlust, wenn der Kurs unter den Bezugspunkt fällt.

Der Bezugspunkt ist aber nicht fest, sondern relativ. So lässt er sich durch die unterschiedliche Präsentation eines Problems verschieben. Darüber hinaus verschieben Anleger Bezugspunkte, sofern es zu ihrem Wohlbefinden beiträgt.

Aus diesem Prinzip leitet sich die Börsenregel »*beim Kauf soll man romantisch, beim Verkauf realistisch sein – zwischendurch soll man schlafen*« ab. Auch durch einen Nachkauf kann sich der Bezugspunkt der Wertefunktion verändern, weil der Durchschnittspreis der Aktienposition verbilligt wird. Die meisten Anleger verbuchen nämlich einen Nachkauf in dasselbe mentale Konto, d. h., für ein und dieselbe Aktie besteht nur ein Konto, egal, wie häufig man die Aktie nachgekauft hat. Durch die Senkung des Bezugspunktes erreicht der Anleger bei einem Kursanstieg schneller die Gewinnzone.

Ein Beispiel für die Veränderung des Bezugspunktes ist folgendes: Ein Anleger kauft eine Aktie zu einem Preis von 50 Euro. Nach einer sehr erfolgreichen Phase erreicht die Aktie ein Jahr später einen Aktienkurs von 125 Euro. Obwohl der Anleger darüber nachdenkt, die Aktie zu verkaufen, entscheidet er sich dennoch für eine Fortführung der Anlage. In der Folgezeit sinken jedoch die Kurse. Der Anleger verkauft seine Aktie aber nicht, weil sich sein Bezugspunkt verändert hat. Dieser ist nun der Höchststand des Aktienkurses von 125 Euro. Einen Verkauf würde der Anleger somit als relativen Verlust zu seinem neuen Bezugspunkt wahrnehmen. Als er sich auf Grund der schlechten Performance beim Stand von 80 Euro endlich zum Verkauf der Aktie entschließt, ist er dennoch zufrieden. Schließlich war sein alter Bezugspunkt der Einstandspreis von 50 Euro, er hat also immer noch 30 Euro Gewinn gemacht.

Dieses Beispiel zeigt, dass es schwierig ist, einen eindeutigen Bezugspunkt zu definieren. Meist ist der Bezugspunkt zwar der Einstandspreis, wenn die Kapitalanlagen aber länger laufen, können einzelne Zwischenkurse ebenfalls als Bezugspunkte herangezogen werden. Es gibt somit mehrere latente Bezugspunkte. Denn je aktueller die relevanten Zwischenkurse sind, desto höher ist auch deren Verfügbarkeit als Bezugspunkt und desto eher werden sie zur Bewertung der Anlagen herangezogen.

Zum anderen wird deutlich, dass die Wahl von Bezugspunkten auch stark von der Persönlichkeitsstruktur eines Anlegers abhängt. Der im obigen Beispiel beschriebene Anleger ist ein positiv eingestellter Mensch, der in der Lage ist, sich durch das richtige Wählen des Bezugspunktes zufrieden zu stellen. So kann er am Ende der Anlage sagen: »*Toll! Ich habe 30 Euro Gewinn gemacht.*«

Wäre unser Anleger dagegen ein Pessimist, so hätte er sich am Höchststand von 125 Euro festgebissen und den Verkauf der Aktie als einen relativen Verlust wahrgenommen. »*So was Blödes! Ich hätte die Aktie zu 125 Euro verkaufen können. Jetzt habe ich also einen Verlust von 45 Euro gemacht.*«

Offensichtlich ist es nicht immer leicht, den richtigen Bezugspunkt zu finden. Bei der Ermittlung des Bezugpunktes fließen unsere Erwartungen ein, aber auch bestimmte Gewinn- oder Renditeziele des Anlegers haben einen Einfluss. So wird beispielsweise ein Fondsmanager von einem relativen Verlust sprechen, wenn sein Fonds schlechter als der entsprechende Marktindex abschneidet oder ein Anleger wird enttäuscht sein, wenn er mit einer Aktie eine schlechtere Rendite erwirtschaftet hat als mit Anleihen.

5.4. Risikoverhalten der Anleger

5.4.1. Wahrscheinlichkeitsgewichtung

Von den Ergebnissen der Psychologie inspiriert, haben im Rahmen der Behavioral Finance auch die Kapitalmarkttheoretiker das Risikoverhalten der Marktteilnehmer untersucht.

So sagt das Ellsberg-Paradoxon[40] aus, dass die meisten Anleger eine sichere Alternative einer unsicheren vorziehen, auch wenn beide wirtschaftlich gleichwertig sind. Darum schätzen Anleger eine 90-%-ige Chance 1000 Euro zu gewinnen höher ein, als eine 80-%-ige Chance auf 1125 Euro. Diese Gewinnsicherheit ist den meisten Anlegern so viel wert, dass sie innerhalb gewisser Grenzen ökonomisch minderwertige Alternativen bevorzugen, wenn diese eine größere Eintrittswahrscheinlichkeit haben. So würden die meisten Anleger eine 80-%-ige Chance auf 1200 Euro nicht, eine 90-%-Chance auf 1000 Euro jedoch wahrnehmen. Ist aber die Wahrscheinlichkeit überhaupt etwas zu gewinnen, sehr gering, so kehrt sich das Wahlverhalten um. So würden die meisten Anleger eine 20-prozentige-Chance auf 4000 Euro einer 25-prozentigen-Chance auf 3000 Euro vorziehen.

Treffen Alternativen mit hoher und niedriger Gewinnwahrscheinlichkeit aufeinander, so werden kleine Gewinne mit hoher Eintrittswahrscheinlichkeit generell großen Gewinnen mit geringer Eintrittswahrscheinlichkeit vorgezogen. Dies gilt auch, wenn beide Alternativen ökonomisch gleichwertig sind. Genauso verhält es sich beim Ver-

[40] Das Ellsberg-Paradoxon leitet sich von dem in der experimentellen Psychologie bekannten Effekt der Ambiguität (siehe auch Seite 53 ff.) ab.

gleich mittlerer Wahrscheinlichkeiten und kleinerer Gewinne. Auch hier wählt der typische Anleger den kleineren, sicheren Gewinn.

Dagegen sind bei der Einschätzung von Verlustwahrscheinlichkeiten andere Effekte zu beobachten. Die meisten Anleger nehmen auch hohe Verluste in Kauf, wenn sie eine geringe Eintrittswahrscheinlichkeit aufweisen. Dabei unterschätzen sie die Gefahr, dass dieser auch tatsächlich eintritt und ziehen den möglicherweise höheren Verlust einem zwar wahrscheinlicheren aber doch kleineren Verlust vor.

Zusammenfassend kann man sagen, dass Anleger eine höhere Risikobereitschaft bei Gewinnen und eine geringere bei Verlusten haben. So ist es auch erklärlich, dass Menschen, die einerseits Lotto spielen, anderseits extrem selten gegen Unglücksfälle abgesichert sind. Dieser Wechsel der Risikobereitschaft zwischen Gewinnen und Verlusten wird auch als »Reflection Effect« bezeichnet. Der »Reflection Effect« ist mit dafür verantwortlich, dass Anleger die Wertpapiere des eigenen Landes bevorzugen, obwohl diese geringer rentieren als der Durchschnitt der ausländischen Wertpapiere.

5.4.2. Illusionary Correlation

Wenn nach der Wahrscheinlichkeitstheorie eigentlich zufällige und voneinander unabhängige Ereignisse vorliegen, kann die Empfindung der Anleger dennoch von kausalen Zusammenhängen (»Illusionary Correlations«) ausgehen. Sehen wir uns dazu doch einmal folgenden Test an:

> „Eine faire Münze wird 100 Mal geworfen. Vor jedem Wurf dürfen Sie 1 CHF darauf wetten, ob beim nächsten Mal ‚Kopf' oder ‚Zahl' kommt. Haben Sie richtig geraten, verdoppelt sich Ihr Einsatz, sonst verfällt er. Die meisten Testpersonen setzen in diesem Spiel im Durchschnitt über alle 100 Münzwürfe 50 Mal auf ‚Kopf' und 50 Mal auf ‚Zahl'. Stellen Sie sich nun vor, es sei bekannt, dass die Münze leicht verzerrt ist und ‚Zahl' indurchschnittlich 51 von 100 Fällen kommt. Wie würden Sie nun setzen?
> Wenn die Münze leicht verzerrt ist, dann wählen die meisten Tespersonen 51 Mal ‚Zahl' und 49 Mal ‚Kopf'. Diese populäre Strategie, genannt ‚Probability Matching' erfordert einen häufigen Wechsel des Verhaltens. Jedoch ist die passive Strategie, immer ‚Zahl' zu wählen besser, da Sie mit dieser Strategie in 51 % der Fälle gewinnen, mit ‚Probability Matching' jedoch nur in etwa 49 % der Fälle. Die passive Strategie scheint unserem Bedürfnis, unser Glück selbst in die Hand zu nehmen, zu widersprechen. Wir glauben durch die aktive Strategie mehr Kontrolle über den Zufallsprozess zu gewinnen."[41]

---

[41] Hens, Torsten: Behavioral Finance. Die neue Sicht auf die Finanzmärkte. S. 3-4; http://www.iew.unizh.ch/grp/hens/papers/vonGraffenried.pdf

Auch bei stochastisch unabhängigen Zufallsereignissen glauben wir an sequenzielle Zusammenhänge. Wenn es etwa beim Roulette eine Serie von roten Zahlen gibt, sind wir davon überzeugt, dass nun die Wahrscheinlichkeit für schwarz ansteigt. Beim Würfeln wird nach mehreren geraden ein ungerader Wurf für am Wahrscheinlichsten gehalten, obwohl die Chancen erneut 50:50 stehen. Wir sehen also die Wahrscheinlichkeiten in einer Reihe von Ereignissen offenbar immer in einem Gesamtzusammenhang. Dies wird als »Gambler‘s Fallacy« oder »Monte-Carlo-Effekt« bezeichnet.

Die »Gambler‘s Fallacy« hat auch einen Einfluss auf das Anlageverhalten. So haben Anleger auf mittlere und lange Sicht eine deutliche Tendenz zu regressivem Verhalten, d. h. sie kaufen nach Sinken und verkaufen nach Steigen der Aktienkurse. Hinter diesem Verhalten steckt der Glauben an das Gesetz des Durchschnittes. Viele Anleger sind überzeugt, dass es nach steigenden auch wieder zu fallenden Kursen kommen muss. Sie begegnen daher extrem positiven Kursentwicklungen mit wachsender Skepsis, die dazu führt, dass die Aktie zu früh verkauft wird.

Die »Gambler‘s Fallacy« verstärkt sich, wenn die Kursverläufe klaren optischen Trends folgen. Dabei ist der Effekt in der Baisse am größten und in einem stabilen, ausgewogenen Markt am geringsten. Obendrein wird er besonders groß, wenn Börsenexperten ihn kolportieren – durch Ratschläge oder durch ihre Verhaltensweisen. So hört man häufig nach einem langen Kursaufschwung den Spruch: »*Wenn der eingefleischte Pessimist zum Optimisten wird, muss man so schnell wie möglich aus der Börse aussteigen.*«

Die »Gambler‘s Fallacy« wird allerdings schwächer, je länger der Trend anhält und sobald widersprüchliche Signale auftreten. Dabei kann der Widerspruch zwischen Aussage und Realität oder aber in einer generellen Unzuverlässlichkeit von Informationen bestehen. Zusätzlich steht der »Gambler‘s Fallacy« kurzfristig ein gegenteiliger Effekt gegenüber, nämlich die Persistenz. Die Persistenz beschreibt den Umstand, dass viele Anleger glauben, dass sich der Kurs in dieselbe Richtung wie am Vortag bewegt. So setzen Probanden eines Lotterieexperimentes fast immer auf die Zahl, die zuvor gewonnen hat. Solche Effekte werden auf ein allgemeines Beharrungsvermögen der Menschen (»Conservatism«) zurückgeführt. Thomas Carlyle sagte dazu: »*Es ist ein grundsätzlicher Irrtum, Heftigkeit und Starrheit Stärke zu nennen.*«

Die »Gambler‘s Fallacy« und die kurzfristige Persistenz bilden den Widerspruch ab, in den sich ein Anleger hinein versetzt fühlt. Einerseits bewegen sich die Aktienkurse immer mehr oder weniger lange Zeit in eine Richtung, schwanken dabei aber vielfach innerhalb bestimmter Intervalle. Für den Anleger gilt es, beide Phänomene auszunutzen. Profis helfen sich in Phasen mit einer ungewöhnlichen Häufung von positiven oder negativen Ereignissen mit solchen Börsenweisheiten (in der Baisse) wie »*Anything that can go wrong, will go wrong.*«

5.4.3. Risk-Return Paradox

Nach der klassischen Finanztheorie, besteht ein Zusammenhang zwischen Rendite und Risiko einer Anlage, d. h., eine höhere Rendite kann nur erzielt werden, wenn der Anleger ein höheres Risiko eingeht. Verschiedenen empirischen Untersuchungen zufolge besteht dieser Zusammenhang jedoch nicht durchweg. Der amerikanische Betriebswirt E.H. Bowman beschrieb erstmals systematisch das »Risk-Return Paradox«.

Demnach tragen Aktien mit einem höheren Anteil an institutionellen Anlegern ein höheres Schwankungsrisiko, ohne dafür im Vergleich zu Aktien mit einem kleinen Anteil institutioneller Anleger eine höhere Rendite zu haben. Es ist gerade das Engagement der Profis, durch das die Aktien volatiler werden. Diese müssen dieses Risiko allerdings in Kauf nehmen, weil ihre großen Auftragsvolumina jede Aktie volatiler machen.

Nach dem »Risk-Return Paradox« werden diejenigen Marktteilnehmer vorsichtiger, die hohe Renditen erzielt haben. Daher trägt der Effekt im Boom eher zu einer Dämpfung der Kursbewegung bei. Spiegelbildliches gilt in der Baisse, da die Marktteilnehmer dann eine geringere Rendite als erwartet erzielen. Sie sind dann bereit ein größeres Risiko einzugehen und stemmen sich gegen den abwärts gerichteten Börsentrend. Sie verstoßen damit allerdings gegen die Börsenregel »*niemals in ein fallendes Messer zu greifen*«. Anleger, die dies tun, verlieren häufig viel Geld, weil sie bei einem Aktiencrash zu früh in neue Aktien investieren.

5.5. Kauf- und Verkaufsverhalten von Anlegern

Schon Lichtenberg sagte: »*Jeder Fehler erscheint unglaublich dumm, wenn andere ihn begehen.*« Der Schwerpunkt der Forschung zur Behavioral Finance liegt auf dem Kauf- und Verkaufsverhalten der Anleger, denn jeder Fehler kostet den Anleger viel Geld.

5.5.1. Preference Reversal

In Kapitel 5.4.1. (S. 98 ff.) wurde gezeigt, dass Anleger eine große Chance auf einen kleinen Gewinn einer kleinen Chance auf einen großen Gewinn vorziehen. Sollen sie jedoch den niedrigsten Preis nennen, zudem sie solche Alternativen noch verkaufen würden, so verlangen die meisten Anleger für die kleine Chance auf einen großen Gewinn einen höheren Preis als für die große Chance auf einen kleinen Gewinn. Diese logische Inkonsistenz bezeichnet man als »Preference Reversal«.

Der »Preference Reversal« kann mithilfe der Regret-Theorie erklärt werden. Nach dieser Theorie vergleichen die Menschen ihre aktuelle Situation mit fiktiven Alternativen, die sie nicht gewählt haben. Schneidet die aktuelle Situation bei diesem Vergleich schlecht ab, bedauert man, nicht eine andere Alternative gewählt zu haben. Ist dagegen die aktuelle Lage besser, so stellt sich Genugtuung ein. Zur Bewertung neuer, vergleichbarer Situationen werden diese vergangenen Erfahrungen herangezogen. Sie fließen in die Prognosen über die Wahrscheinlichkeit ein, mit bestimmten Handlungsalternativen Erfolg oder Mißerfolg zu verbuchen. Anleger nennen also für mögliche Verkäufe besonders hohe Preise, um nicht in Gefahr zu geraten, den Verkauf bedauern zu müssen.

Der »Preference Reversal« hat vor allem in einer Aktienhausse deutliche Auswirkungen auf das Verhalten der Anleger. Je länger der Kursaufschwung andauert, umso unrealistischere Preise stellen sich die Anleger für den Fall eines Verkaufes vor. Sie sind dann nicht bereit, ihre Aktien unter diesem Preis zu verkaufen. Durch die bestehende Nachfrage werden die Aktienkurse weiter in die Höhe getrieben, weil das Angebot an Aktien am Markt durch die Unwilligkeit der Aktienbesitzer zum Verkauf verknappt wird. Der »Preference Reversal« ist bei einem Aktiencrash nicht wirksam. Hier handeln die Anleger nach dem Sprichwort: »*Besser einen Spatz in der Hand als eine Taube auf dem Dach*«.

5.5.2. Endowment Effekt

Unter Endowment Effekt (»Besitztumseffekt«) versteht man, dass die meisten Menschen für ein bestimmtes Wirtschaftsgut, das sie besitzen, einen erheblich höheren Verkaufspreis verlangen würden, als sie im Gegenzug bereit wären, selbst dafür zu bezahlen.

Erklärung ist, dass Anleger sich asymmetrisch an ihrem Bezugspunkt (z. B. dem Einstandspreis oder dem letzten verfügbaren Preis) orientieren: Verschlechterungen haben größere Bedeutung als Verbesserungen; ein Verkauf wird als Verlust stärker gewichtet als ein Kauf als Gewinn (»Besitz an sich« ist wertvoller).

Dieser Effekt hat einen spürbaren Einfluss auf das Kauf- und Verkaufsverhalten in Boom- und Crashzeiten. So sorgt er dafür, dass Anleger ihre Aktien auch im letzten Abschnitt des Booms noch halten. Im Crash dagegen bewirkt der Effekt, dass die Anleger nicht bereit sind, ihre Aktien zu verkaufen. Das führt dazu, dass die Umsätze zeitweise stark ausgedünnt werden und so anfällig gegenüber Zufallseinflüssen sind.

5.5.3. Dispositionseffekt

Anleger verkaufen Wertpapiere in der Gewinnzone häufig »zu früh« und halten diese in der Verlustzone »zu lange«[42]. Dieser Sachverhalt wird als Dispositionseffekt bezeichnet. Denn Anleger bewerten ihre Kapitalanlagen – wie schon beschrieben – relativ zu einem Bezugspunkt. Sie kodieren auf diese Weise Gewinne und Verluste in einer Entscheidungssituation. Je Asset oder Assetklasse wird dann ein mentales Konto gewählt; für jedes mentale Konto werden dann Buchgewinne oder -verluste festgestellt. Die Realisierung von Buchgewinnen löst positive Gefühle wie Stolz oder Freude aus, die Realisierung von Buchverlusten löst dagegen negative Gefühle wie Enttäuschung aus. Buchgewinne werden also frühzeitig realisiert, um die positiven Gefühle zu erleben. Die Umsetzung der Buchverluste wird dagegen in der Hoffnung verzögert, die Enttäuschung über den Verlust doch noch zu vermeiden. Dieses Verhaltensmuster wird durch die stärkere Bewertung von Verlusten gegenüber Gewinnen gleichen Betrags noch verstärkt.

Erklärung für dieses Verhalten ist die referenzpunktabhängige Risikoeinstellung der Anleger. Nach diesem Konzept verhalten sich die Anleger nicht risikoneutral, sondern – in Abhängigkeit der Entwicklung der Aktie von einem gewählten Referenzpunkt – entweder risikoscheu oder risikofreundlich. Dafür verantwortlich ist die unterschiedliche Bewertung von Gewinnen und Verlusten durch die Anleger. So bringt einem Anleger – ausgehend von einem Kaufkurs von 50 Euro – ein Gewinn

---

[42] In der Analyse von 10000 Datensätzen eines national tätigen US-amerikanischen Brokers aus den Jahren 1987 bis 1993 gelangt Odean (1998) zu dem Ergebnis: »*These investors demonstrate a strong preference for realizing winners rather than losers.*« Das Verhältnis des Anteils realisierter Gewinne zum Anteil realisierter Verluste beträgt hier ca. 1,6.

von 2,5 Euro einen geringeren Nutzenzuwachs als ihm ein Verlust von 2,5 Euro an Nutzenentgang beschert.

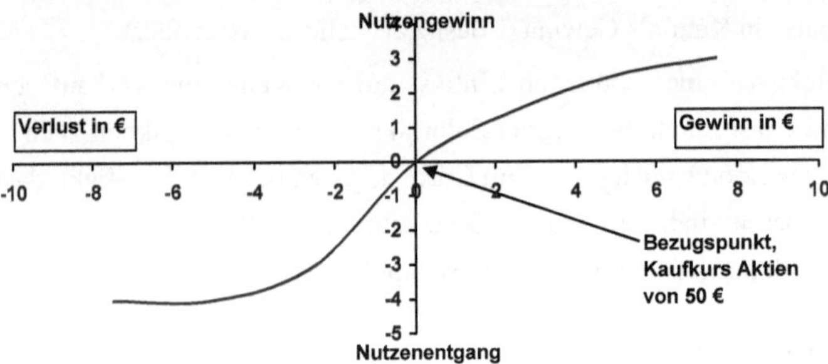

Abbildung 2: Dispositionseffekt

Abbildung 2 zeigt, dass im Gewinnbereich (rechts von der Vertikalen) die Nutzenkurve (der Wertzuwachs), den der Anleger aus einem bestimmten Gewinnbetrag eines Investments erhält, rechtsgekrümmt und so weniger steil ist als im Verlustbereich. Dagegen ist im Verlustbereich (links von der Vertikalen) die Nutzenkurve links gekrümmt und verläuft so steiler als im Gewinnbereich. Der Nutzenzuwachs eines Anlegers durch einen bestimmten Gewinnbetrag ist demnach geringer als die Nutzeneinbuße bei einem (betragsmäßig) gleich hohen Verlust.

Dieses Kurvenverhalten hat Folgen für den Anleger. Hat ein Anleger mit seiner Aktie einen Gewinn von 2,5 Euro gegenüber dem Einstandspreis erzielt, müsste der zweite Gewinnzuwachs, um einen gleich hohen Nutzenzuwachs wie aus dem ersten Gewinn zu erzielen, nun bei ca. 3,5 Euro liegen. Ein weiterer Kursanstieg um 2,5 Euro würde für den Anleger zwar einen Nutzenzuwachs bedeuten, dieser wäre jedoch geringer als der Nutzenzuwachs aus den ersten 2,5 Euro. Deshalb fällt es dem Anleger leicht, den Gewinn zu realisieren und die Aktie im Gewinnbereich zu schnell zu verkaufen.

Ganz anders sieht es im Verlustbereich aus. Dort bedeuten die ersten 2,5 Euro Verlust die größte Nutzeneinbuße. Ein weiterer Kursverlust um 2,5 Euro ist für den Anleger weniger schlimm, als die ersten verlorenen 2,5 Euro. Also hofft er, dass das Wertpapier den Verlust der ersten 2,5 Euro wieder wettmachen kann und neigt dazu, Verluste auszusitzen und »zu spät« zu verkaufen.

Aber auch bei steigenden Kursen schlägt der Dispositionseffekt zu. Exemplarisch ist die folgende Aussage eines Anlegers: »*Ich habe die Aktien für 40 Euro gekauft und bei 50 Euro wieder verkauft. Warum habe ich das getan? Hätte ich meine Aktien gehalten, wäre ich heute ein gemachter Mann, schließlich stehen sie heute bei 125 Euro.*« Wie schon erläutert bietet ein weiterer Kursanstieg für den Anleger aufgrund der Rechtskrümmung der Nutzenfunktion (siehe Abbildung 2) im Gewinnbereich nur noch einen geringen Wertzuwachs. Deshalb sichert er sich diesen Gewinn auch frühzeitig.

Aus diesen Erkenntnissen leitet sich die Börsenregel »*Gewinne laufen lassen und Verluste begrenzen*« ab. Aber diese Regel ist nur dann richtig und sinnvoll, wenn die Kursentwicklung einen längerfristigen Trend erkennen lässt. Wenn von einer laufenden Aufwärtsbewegung und damit auch von weiteren Kurssteigerungen beziehungsweise von einer Abwärtsbewegung und weiteren Kursverfällen auszugehen ist, ist es zwingend, im Verlustbereich sofort auszusteigen und sich bei Gewinnen nicht von der gekauften Aktie zu trennen.

Besonders negativ wirkt sich der Dispositionseffekt noch in Zusammenhang mit dem Konzept der mentalen Konten (siehe Seite 66 ff.) aus. Denn wenn die Anlagen separat betrachtet werden und jedes einzelne Konto im Gewinn abgeschlossen werden soll, werden die Mittel, die in Verlustengagements gebunden sind, für andere, sinnvollere Anlagen blockiert. Durch das Aussitzen von Verlustinvestments und die frühzeitige Realisierung von Gewinnengagements kann die Portfoliostruktur also nicht optimiert werden. Die Erfolgsaussichten und die Auswirkungen der einzelnen Engagements aufeinander werden als Entscheidungsparameter nicht hinreichend berücksichtigt und andere Beurteilungskriterien gewinnen überhand. In der Regel besitzen solch ineffiziente Portfolios auch ein wesentlich höheres Risiko als effiziente Portfolios. Ineffiziente Portfolios verlieren in einem Aktiencrash überdurchschnittlich.

Dementsprechend nehmen professionelle Marktteilnehmer den Dispositionseffekt sehr ernst. Stopp-loss-Strategien sollen diesen entgegenwirken. Demnach soll man Aktien verkaufen, wenn sie um mehr als 10 Prozent unter dem Einstandkurs liegen, um weitere Verluste zu vermeiden.

Im Boom führt der Dispositionseffekt dazu, dass sich Anleger zu früh von ihren Aktien trennen, d. h., der Effekt hat zunächst einen dämpfenden Einfluss. Daher wirkt er überwiegend in der Frühphase des Booms auf langfristig und konservativ eingestellte Anleger. Deren Verkäufe erhöhen den Anteil der Spekulanten am Aktienmarkt und machen somit erst den Weg frei für die Kursübertreibungen in der letzten Phase des Booms. Im Crash ist die antizyklische Wirkung des Dispositionseffekts wesentlich wichtiger, sorgt sie doch dafür, dass sich die Anleger in der Verlustzone mit Verkäufen zurückhalten.

5.5.4. Winners Curse

Bei Versteigungen fällt immer wieder auf, dass einige Bieter bei verdeckten Auktionen ökonomisch unvernünftig hohe Angebote abgeben. Dieses Phänomen wird als »Winners Curse« bezeichnet. Der »Winners Curse« ist darauf zurückzuführen, dass die Bieter nicht wahrhaben wollen, dass Auktionen meist von demjenigen gewonnen werden, der die Gewinnmöglichkeit am meisten überschätzt. Aber es gibt auch eine gegenteilige Einschätzung. Demnach ist das Verhalten der Auktionsgewinner durchaus rational, weil sie nicht höher bieten, als es im Lichte ihrer Erwartungen sinnvoll ist. Dabei muss die Messlatte nicht unbedingt die eigene Gewinnschätzung sein. Vielmehr gehen Bieter, die nur auf eine sehr kleine Anzahl von Anteilen abzielen, mit ihren Geboten regelmäßig über den Zeitwert ihrer Gewinnerwartungen hinaus, um überhaupt zum Zuge zu kommen.

Ein solches Vorgehen ist häufig von kleinen Banken bei Versteigerungen von Liquidität durch die Notenbank oder von Effekten durch den Emittenten zu beobachten. Das Verhalten kann durchaus rational sein, wenn die betreffenden Wertpapiere den eigenen Kunden aus Imagegründen angeboten werden müssen.

Der »Winner Curse« ist unter erfahrenen Bieter genauso ausgeprägt wie unter unerfahrenen. Seine Stärke hängt dagegen von der Größe der Bieterschar ab. So ist er besonders bei Auktionen mit einer Bietergruppe von mindestens 6 Personen ausgeprägt.

Eine wichtige Rolle spielt der »Winner Curse«, wenn die Preisbildung bei Aktienemissionen in Form von Bookbuilding erfolgt. Hier beobachtet man häufig, dass Privatanleger ihre Gebote am oberen Ende der Bookbuildingspanne abgeben, weil sie denken, dass sie sonst keine Chance für die Zuteilung der Aktien haben.

Das Kauf- und Verkaufverhalten von Anlegern führt aber noch zu vielen weiteren Kurseffekten, die im nächsten Abschnitt erläutert werden.

5.6. Kurseffekte

5.6.1. Kalendereffekte

Schon früh haben Börsianer festgestellt, dass sich bestimmte Börsenereignisse zu bestimmten Terminen häufen. Hieraus sind viele bekannte Börsenweisheiten entstanden, wie »*Sell in May and go way*« oder auch »*der Oktober ist einer der besonders gefährlichen Monate, um in Aktien zu spekulieren.*« Solche Kalenderanomalien wurden ausführlich im Rahmen der Behavioral Finance untersucht und nachgewiesen.

In Deutschland sollte es statt »*Sell in May*« eher »*Sell in March*« heißen, weil die Aktienperformance zumindestens zwischen 1959 bis 1987 im Frühjahr überwiegend negativ war. Dagegen ist der Januareffekt auch in Deutschland signifikant. Ähnlich wie in den USA waren daneben die Monate Juli, November und Dezember leicht überdurchschnittlich. Allerdings wird die herbstliche Überperformance der Börsen auch häufig gestört. So traten die gravierenden Kursstürze im 19. und 20. Jahrhundert häufiger in der zweiten Jahreshälfte auf, mit einer Häufung im Oktober. Dies könnte an der zunehmenden Bedeutung der bilanzierenden Marktteilnehmer (Fonds und Versicherungen) liegen, die gegen Jahresende rutschende Kurse nicht unterstützen, damit sie nicht Gefahr laufen, wegen der Kursverluste weitere Abschreibungen tätigen zu müssen. Der Januareffekt ist einer der stärksten Monatseffekte. So wies der Januar in den USA im Durchschnitt ein Plus von 3,5 % auf, die anderen Monate dagegen im Mittel nur 0,5 Prozent. Dies bedeutet, dass über ein Drittel des jährlichen Kursfortschrittes in den USA auf dem Januareffekt beruht.

Beim Januareffekt steckt der Teufel im Detail. So ging mehr als die Hälfte des Januareffektes in den Jahren 1960 bis 1980 in den USA auf die besondere Performance der ersten Woche des Jahres zurück. Außerdem ist bekannt, dass der Effekt vor allem auf der überdurchschnittlich guten Performance niedrig kapitalisierter Aktiengesellschaften beruht. Daher lässt er sich bei Blue-Chip-Indices wie dem Dow Jones Index kaum nachweisen, denn er wirkt sich besonders bei Aktien mit hohem β-Faktor aus – und kleine Werte haben nun einmal in der Regel einen höheren β-Faktor als Blue Chips. Da der Januareffekt über mehre Jahrzehnte nachzuweisen ist, ist davon auszugehen, dass er auf tiefsitzende psychische oder ökonomische Effekte zurückgeht.

So konnte man für den englischen und amerikanischen Aktienmarkt nachweisen, dass die Überperformance im Januar auf die Unterperformance in den letzten Monaten des

Jahres zurückzuführen war. Ein Grund dafür ist das Window Dressing der Portfolio-Manager, die sich meist im Dezember von verlustreichen Engagements trennen, damit diese nicht in den Jahresberichten erscheinen.

Aber auch steuerliche Aspekte spielen am Jahresende eine Rolle. So versuchen vermögende Privatanleger umsatzschwache Aktien zu drücken, um weniger Vermögenssteuer zu zahlen. Eine andere Motivation ist, am Jahresende noch eine Verlustposition zu realisieren, um sie für die Einkommenssteuer gegen Gewinne verrechnen zu können. Meistens kaufen die Anleger dann im Januar wieder neue Wertpapiere, was zu Kurssteigerungen führt.

Nicht nur die Monate, sondern auch die Wochentage haben Einfluss auf die Aktienrendite. Eine empirische Studie, die Daten von 1953 bis 1970 aus den USA auswertet, konnte nachweisen, dass für den S&P 500 Index am Freitag mit einer Wahrscheinlichkeit von 62%, an einem Montag dagegen nur mit 39,5 % mit einem Kursanstieg zu rechnen ist. In dieser Periode lag der durchschnittliche Kursanstieg am Freitag bei 0,12%, am Montag bei -0,18%. Die Wahrscheinlichkeit, dass die große Renditedifferenz zwischen Freitag und Montag durch Zufall entsteht, ist sehr gering. Da die negative Rendite zwischen dem Handelsschluss am Freitag und dem Handelsbeginn am Montag entsteht, wird diese Renditeanomalie auch als Weekend Effect bezeichnet. Der Weekend Effect dürfte auf das Handeln der Profis im Eigenhandel der Banken zurückzuführen sein, weil sie bestrebt sind, ihre Bücher über das Wochenende zu schließen.

Der »Turn-of-the-Month-Effekt« beschreibt, dass die Aktienmärkte in der zweiten Monatshälfte im Durchschnitt sinken und in der ersten Monatshälfte steigen. Diese Kursbewegung wird auf die Konzentration von Einnahmen auf den Monatswechsel bei großen Fonds zurückgeführt. So werden die Sparpläne von Anlegern meistens zu Monatsanfang ausgeführt, d. h. die großen Fonds haben zu Monatsanfang einen starken Mittelzufluss.

Für die USA und viele andere Ländern konnte nachgewiesen werden, dass Handelstage vor einem Feiertag weit überdurchschnittliche Kurszuwächse aufweisen (»Holiday-Effect«). In den USA entfielen seit Beginn des 20. Jahrhunderts 51 % der jährlichen Gesamtperformance auf rund zehn Tage vor einem Feiertag. Dagegen weisen die Handelstage nach Feiertagen keine besonderen Kurscharakteristika auf.

5.6.2. Mean Reversion, Winner-Loser Reversals, Value- und Growth-Effekte

Die »Mean Reversion« bezeichnet den Umstand, dass es an den Aktienmärkten einen systematisch negativen Zusammenhang zwischen der aktuellen Kursveränderung und der Vorperiode gibt. Allerdings wirkt die »Mean Reversion« längstens über einen Monat. Diesen Effekt kann der Anleger durch eine simple Contrarian-Strategie für sich ausnutzen, und zwar mithilfe der Charttechnik. Denn laut Charttechnik pendeln Kurs- und Indexkurven zeitweise innerhalb einer Bandbreite zwischen zwei parallelen Linien. Solche Trendkanäle können aufwärts, abwärts oder seitwärts gerichtet sein. Mit dieser Kenntnis kann ein Anleger versuchen, sein Kauf- und Verkaufsverhalten an diese Bandbreite anzupassen, d.h. unten zu kaufen und oben zu verkaufen.

Untersuchungen zeigen, dass auch die Konzentration auf bisherige Underperformer Gewinnpotenzial birgt. Solche »Winner-Loser Reversals« versprechen besonders bei solchen Aktien erfolgreich zu sein, die im Vergleich zum relevanten Markt niedrig bewertet sind, also im Verhältnis zu ihren Kursen hohe Ertragskraft, Substanz oder Dividendenausschüttungen aufweisen. Man geht davon aus, dass die Aktienmärkte über kurz oder lang solche Fehlbewertungen revidieren, da sie nur deswegen auftreten, weil die Märkte zu Überreaktionen neigen. Als psychologische Erklärung für diese beiden Effekte bietet sich die schon beschriebene »Gambler's Fallacy« (siehe Seite 100 ff.) an.

Eine andere Erklärung für »Winner-Loser Reversals« ist, dass schlecht rentierende (und natürlich auch notierende) Unternehmen im Durchschnitt höhere Risiken eingehen. Auf Dauer führen dann die höheren Risiken zu höheren Gewinnen und somit auch zu steigenden Kursen. Aber nicht immer versprechen solche »Value Investments« in unterbewertete Aktien eine Überperformance. Es gibt Marktphasen, in denen sie sich gleich verhalten. So laufen in einem Aktienboom normalerweise Wachstumsaktien[43] (»Growth Investments«) deutlich besser als die »Value Investments« – so etwa in den 90er Jahren die Aktien der New Economy. Aber an dieser Stelle sei auch eine Warnung ausgesprochen. Es konnte nämlich für dic meisten Perioden und Länder nachgewiesen werden, dass »Value Investments« im Durchschnitt eine weitaus höhere Rendite erbringen als »Growth Investments«. Das liegt daran, dass Wachstumsaktien zwar stark ansteigen, wenn sie im Fokus der Anleger stehen, nach einiger Zeit die Erwartungen der Anleger aber nicht mehr erfüllen und dann ins Bo-

[43] Wachstumsaktien findet man vor allen in den Bereichen Software und Biotechnologie.

denlose fallen. Beispielsweise stieg der Leitindex des Neuen Marktes im Jahr 2001 bis auf über 8.000 Punkte an. Als die Euphorie für Wachstumsaktien in eine tiefe Depression umschlug, fiel der damalige Leitindex des Neuen Marktes um mehr als 95 %, also auf ca. 400 Punkte.

5.6.3. Size und Listing Effekte

Seit Beginn der 80er Jahre weiß man, dass kleine Unternehmen im Vergleich zu Blue Chips eine Überperformance aufweisen. Der »Size Effekt« variiert im Jahresverlauf – er ist zwar über das ganze Jahr hinweg zu beobachten, besonders ausgeprägt ist er aber im Januar.

Für Deutschland ergab eine Studie, dass der »Size Effekt« marktphasenabhängig ist. In der Regel haben demnach große Unternehmen in steigenden Märkten (»Up Market«) ein Performanceplus gegenüber kleinen Unternehmen. Während dieser Marktphase liegt die Rendite der Aktien über der Rendite von Staatsanleihen. Dagegen rentieren in fallenden Märkten (»Down Market«) kleine Unternehmen besser als größere Unternehmen. Dafür gibt es mehrere Gründe. Zum einen steigen in einem »Up Market« regelmäßig auch die Zinsen. Diese Zinssteigerungen beeinträchtigen die Gewinnsituation kleiner Unternehmen stärker, weil ihre Fremdkapitalquote meistens höher liegt als bei großen Unternehmen. Ein weiterer Grund ist die große Bedeutung ausländischer institutioneller Anleger am Aktienmarkt in Deutschland. Gerade aber die ausländischen institutionellen Anleger bevorzugen größere, marktgängigere Unternehmen. Darum werden im Kursaufschwung die großen Unternehmen bevorzugt und in einem Kursabschwung benachteiligt.

Der »Size Effekt« umfasst auch den P/E-Effekt. Der P/E-Effekt beschreibt, dass Aktien mit einem niedrigeren KGV (Kurs/Gewinn-Verhältnis) im Durchschnitt deutlich bessere Renditeaussichten haben als solche mit einem hohen KGV. Dies ist auf eine spezielle Form der »Mean Reversion« (siehe Seite 109 ff.) zurückzuführen. So bewegt sich das KGV eines Unternehmens um einen branchen- oder unternehmenstypischen Mittelwert herum. Deshalb weisen niedrige KGV's auf einen relativ zur Branche niedrigen Unternehmenswert hin. Das wiederum bedeutet, dass die vergleichsweise niedrige Marktkapitalisierung tendenziell mit einer überdurchschnittlichen Kurs- und Dividendenchance einhergeht.

Der »Size Effekt« beschränkt sich jedoch nicht auf das unterste Größensegment, man kann ihn mehr oder minder kontinuierlich über alle Marktsegmente nachweisen.

Folglich rentieren kleinere Unternehmen eines Indices meistens besser als die relativ größeren Unternehmen des gleichen Indices. Ein Beispiel aus dem größten deutschen Index DAX ist, dass das DAX-Leichtgewicht Adidas im Jahr 2003 deutlich besser rentierte als das Schwergewicht DaimlerChrysler.

Wird eine Aktie erstmals an einer weiteren Börse gehandelt, so hat dies Einfluss auf den Aktienkurs. Dieser »Listing Effekt« tritt auf, wenn zum Beispiel in den USA eine Aktie erstmals an der American oder New York Stock Exchange gehandelt wird. Nach der ersten Notiz ist die Kursentwicklung meistens enttäuschend. Ähnlich Effekte beobachtet man in anderen Ländern.

Bei der erstmaligen Notiz großer Unternehmen tritt der »Listing Effekt« häufig nicht auf. Für sie bedeutet der Wechsel an die Börse nur einen längst fälligen Schritt. Anderes sieht es bei kleinen Unternehmen aus. Sie wagen diesen Schritt oftmals erst, wenn sich ein Einbruch der bislang guten Performance bereits am Horizont abzeichnet. Daher ist der »Listing Effekt« nichts anderes als eine besondere Ausprägung des »Size Effektes«.

5.6.4. Psychische Barrieren

Schon die bloße Gestalt von Kursen und Kursverläufen können bereits psychische Effekte auslösen. Haben Sie sich auch schon gefragt, warum Kursbewegungen meistens auf einem Kursniveau, an dem sie bereits in früheren Zyklen waren, zum Stillstand gekommen sind oder ihre Richtung wechseln?

Diese Kursniveaus werden in der technischen Analyse (Chartanalyse) als Widerstand oder als Unterstützung bezeichnet. Ein Widerstand liegt vor, wenn der Kurs nach mehreren Aufwärtsbewegungen ein bestimmtes Kursniveau nicht überschreiten konnte. So biss sich der Dow Jones Mitte der 60er bis Anfang der 80er Jahre an der Schwelle von 1000 Punkten die Zähne aus, da hier der Widerstand lag. Eine Unterstützung bildet sich an der Stelle aus, an der der Aktienkurs ein bestimmtes Kursniveau nicht unterschreitet. Solche charttechnischen Phänomene bezeichnet man als »psychische Barrieren«. Sie lassen sich gut mit der »Gambler's Fallacy«, der »Mean Reversion« oder dem »Winner-Loser Reversal« erklären. Da die Marktteilnehmer erwarten, dass die Kurse um ein mittleres Niveau schwanken, handeln sie entsprechend und sorgen somit dafür, dass der erwartete Zustand auch tatsächlich eintritt.

Allerdings bergen die Widerstands- und Unterstützungslinien ein selbstzerstörerisches Element, denn in der Nähe der Widerstands- und Unterstützungslinien läuft die

Kursentwicklung sehr schnell ab. Trotz der in dieser Phase erhöhten Umsätze können viele Anleger ihre Aufträge nicht optimal – also nahe der betreffenden Line – platzieren. Konsequenz ist, dass sie das nächste Mal vor Erreichen der Linie handeln. Je mehr Anleger nun so agieren, desto mehr werden die Widerstands- oder Unterstützungslinien aufgeweicht.

Auch in Boom- und Crashzeiten haben die »psychischen Barrieren« eine nicht zu unterschätzende Wirkung. Im Boom werden die Widerstände überwunden. Damit werden die Anleger in ihrer Zuversicht bestärkt, dass »*der Aktienmarkt keine Grenzen kennt*«. Das Gegenteil gilt für den Crash. Hier hält keine Unterstützungslinie und die Zuversicht der Anleger schwindet. Man hört dann häufig den Spruch: »*Spätens, wenn die Aktienkurse den Wert Null erreicht haben, geht es nicht weiter nach unten.*« Eine solche Überreaktion auf ein Ereignis kann ein regelrechtes »Eigenleben« entwickeln.

5.7. Überreaktion

5.7.1. Überoptimismus und Overconfidence

Viele Menschen überschätzen ihre Fähigkeiten und ihr Wissen ebenso wie die Verlässlichkeit und die Genauigkeit ihrer Informationen. So geben 80 Prozent aller Bundesbürger an, sie würden besser Auto fahren als der Durchschnitt der Bevölkerung. Auch rund 85% aller Privatanleger geben an, »überdurchschnittliche« Investoren zu sein – allein statistisch ist das natürlich unmöglich. Viele Anleger fühlen sich auch erheblich besser informiert als der durchschnittliche Investor. (»*I am substantially better informed than the average investor*«). Deswegen tätigen sie ihrer Meinung nach ihre Investments nicht aus dem Bauch heraus. Dieses Selbstvertrauen erweist sich laut einer Untersuchung von Odean (1998) aber nicht als empirisch valide. Odean spricht von einer »Overconfidence Bias«[44]. Durch ihr überhöhtes Selbstvertrauen lehnen viele Anleger die Empfehlung zu einem passiven Investitionsstil ab. Insbesondere unerfahrene Anleger glauben, dass sie viel besser als der Markt sind, während Experten schon überaus zufrieden sind, wenn sie langfristig um 2-3% besser abschneiden als der Markt.

---

[44] Overconfidence (überhöhte Selbstsicherheit) charakterisiert die Tendenz von Entscheidern zu einem überhöhten Vertrauen in ihre eigene Aufgabenbearbeitung bzw. ihr eigenes Entscheidungsverhalten (Wissen).

Overconfidence ist stark von sozialen Faktoren abhängig. So wird der Effekt kleiner, wenn der Anleger seine Entscheidung vor einer Gruppe rechtfertigen muss. In diesem Fall nimmt er sich mehr Zeit für ihre Entscheidung und hinterfragt sie ausführlicher. Trifft eine Person im Zeitablauf immer wieder erfolgreiche Entscheidungen, so festigt sich ihr Selbstbewusstsein weiter. Dies führt dann zu einer langfristig überhöhten Selbstsicherheit bezüglich des eigenen Urteilsvermögens und die Person verliert die Fähigkeit zur selbstkritischen Betrachtung ihrer Entscheidungen.

So erhöht sich die Risikoneigung durch gute Erfahrungen mit Finanzanlagen, wie sie in den Hausse-Jahren zwischen 1990 bis 1999 viele Anleger gemacht haben. Grund dafür ist, dass wir dazu neigen, kurz zurückliegende Ereignisse stärker zu bewerten als lang zurückliegende. Diese Art der »Kurzsichtigkeit« führt dazu, dass in Phasen einer Hausse Risiken systematisch unterbewertet werden.

Neben dem übersteigerten Vertrauen in die eigene Urteilsgenauigkeit gibt es auch den Überoptimismus. Man kann diesen Überoptimismus sogar bei makroökonomischen Daten nachweisen. So konnte man für 14 OECD-Länder nachweisen, dass die Produktionserwartungen der produzierenden Industrie systematisch zu hoch liegen. Und je unsicherer die Situation ist, desto stärker weichen die Schätzungen von der Realität nach oben hin ab.

Jeder Anleger nimmt die eingegangenen Risiken subjektiv wahr. Das wirtschaftliche Umfeld ist aber maßgeblich an der Wahrnehmung beteiligt. Aktienanlagen erzielten von 1980 bis 1999 viel höhere Erträge als seit Anfang 2000. Von den fantastischen Erträgen angezogen, erhöhten die meisten Anleger sukzessive ihre Aktienquote. Oft wurden dabei die Risiken wegen des vorherrschenden Überoptimismus ausgeblendet. Die Vorteile des »Aktiensparens« paarten sich mit dem allgemeinen wirtschaftlichen Optimismus der »New Economy«. Dies führte bei einigen Anlegern zu fatalen Selbstüberschätzungen.

Sowohl Overconfidence als auch Überoptimismus spielen bei einigen Effekten an der Börse eine wichtige Rolle. So trägt die Overconfidence dazu bei, dass im Rahmen der Kontrolltheorie (siehe Seite 46 ff.) die Ausbildung einer Kontrollillusion verstärkt wird. Diese Kontrollillusion führt dazu, dass in einem Crash die meisten Anleger viel zu spät handeln.

Überoptimismus ist auch für die gelernte Sorglosigkeit verantwortlich (siehe Seite 54 ff.), die im Boom realistisches Handeln stark erschwert. Daher wirken Overconfidence und Überoptimismus in Boom und Crash in fataler Weise verstärkend. John Kenneth Galbraith fasst diesen Effekt folgendermaßen zusammen: »*In der Spekulation gerät die Selbstkritik, die beste Garantie für ein Minimum an gesundem Menschenverstand, in Gefahr.*«

Doch diese Selbstüberschätzung hat nach Ansicht von Hersh Shefrin zwei weitere gravierende Folgen. Investoren erkennen nicht, dass ihr Informationsstand unzureichend ist und investieren so in die falschen Werte. Außerdem neigen sie dazu, öfter zu handeln, als es vernünftig wäre, sie beachten also die Börsenregel »*hin und her macht Taschen leer*« nicht.

5.7.2. Herding-Effekt

In der Börsengeschichte gab es oftmals Boom- oder Crashphasen. Ein Paradebeispiel dafür war die Euphorie der New Economy-Aktien zwischen 1990 und 2000. In dieser Zeit erreichten die Aktien der New Economy immer neue fantastische Höchststände, weil sie bei den Anlegern eine entsprechend große Euphorie ausgelöst hatten, es entstand ein Bubble.

Der Bubble stellt eine Abweichung vom Fundamentalwert der Unternehmen dar, die durch die Erwartung der Investoren auf Kurssteigerungen zustande kommt. Joseph E. Stiglitz formulierte es so: »*Wenn der Grund des hohen Preises heute nur der ist, dass der Investor glaubt, dass der Verkaufspreis morgen noch höher ist – wenn Fundamentalfaktoren scheinbar keine Rolle mehr spielen, dann entsteht ein Bubble.*« Ein frustrierter Anleger am Neuen Markt sagte nach dem Besuch bei einem Unternehmen der New Economy: »*Ich kann es nicht verstehen, aber ich habe für eine Pommesbude mehrere Milliarden gezahlt.*« Diese Selbsterkenntnis zeigt, wie weit in einem Bubble die fundamentale richtige Bewertung von der tatsächlichen abweichen kann. Ein Bubble ist eine der wohl wichtigsten Ausprägungen des Herding-Effektes. Aber wie kommt es zum Herding-Effekt? »*Man muss sich die Börse als grasende Herde vorstellen*«, so Heiko Thieme. Diese Herde wird durch Stimmungen in Bewegung gesetzt.

Durch Stimmungen lassen sich kollektive Verhaltenstendenzen der Investoren am Aktienmarkt beschreiben. Die Stimmung wird als zuversichtlich bezeichnet, wenn eine rege Nachfrage herrscht und neue Aktienkäufe getätigt werden. Von einer lustlosen oder schläfrigen Stimmung ist die Rede, wenn nur geringe Kauf- oder Verkaufsaktivitäten stattfinden. Die Stimmung wird als depressiv beschrieben, wenn die Mehrzahl der Investoren von fallenden Kursen ausgeht und sich von ihren Aktien trennen. Schließlich wird sogar der Begriff »Panik« verwendet, um die Stimmung bei einem Aktiencrash beschreiben zu können.

Das aktuelle Marktgeschehen ist somit immer eng mit der Stimmung verbunden: Euphorie oder Depression kann demzufolge eine Auf- oder Abwärtsbewegung an der Börse auslösen, die sich weit von der wirtschaftlichen Realität lösen kann. Somit werden die Schwankungen der Kurse nicht nur durch die Veränderungen der fundamentalen Faktoren herbeigeführt, sondern auch durch die Veränderungen weicher Faktoren wie den Stimmungen der Anleger.

Wie wir bereits wissen, besteht eine Asymmetrie zwischen Gewinn- und Verlustverhalten des Investors (siehe Kapitel 5.3, S. 88): Der Schmerz über den Verlust einer Geldeinheit aus einer Aktienanlage ist zwei- bis dreimal höher als die Freude über den Gewinn einer Geldeinheit aus der Aktieninvestition. Deswegen kann eine kleine Korrektur des Marktpreises oft zu einem Crash führen. Denn dann können die Investoren in Panik geraten und ihre Aktien verkaufen, um weitere Verluste zu vermeiden. Im Falle einer Panik verhalten sich Investoren irrational und kurzfristig, ohne die langfristigen Potenziale des Investments zu berücksichtigen.

Eine andere Art des Herdings fasst man unter den Begriff des Fad zusammen, der besonders bei der Neuen Markt Hausse in den Jahren 1997 bis 2000 zum Tragen kam.

5.7.2.1. Fad

Unter dem Begriff Fad versteht man Anlageentscheidungen, die weniger auf das Maximieren von Portfolio-Renditen als auf Modeerscheinungen im weitesten Sinne abgestützt werden. Das Fad ist dadurch gekennzeichnet, dass das Investieren in spekulativen Märkten genau so wie andere soziale Aktivitäten in und out sein kann, und so die Nachfrage nach Wertpapieren zu- und abnehmen kann, ohne dass auf fundamentale Werte geachtet wird. Die Investitionsentscheidungen der Anleger sind also nicht mit der ökonomischen Realität im Einklang. Die Anlage in Aktien hat somit eher spekulativen und spielerischen Charakter und impliziert daher einen anderen als den rein profitmaximierenden Nutzen. In einer solchen Phase finden die Finanzanalysten stets neue ökonomische (fundamentale) Erklärungen für die hohen Marktpreise (Überbewertungen) und können somit die hohen Kurse rechtfertigen. Fad ist aber nicht unbedingt ein Ausdruck der Irrationalität an der Börse, es bildet eher die Unsicherheit der durchschnittlichen Investoren bei der Erwartungsbildung über die Zukunft ab. Schließlich verfügen diese meistens nur über ein sehr unvollständiges Bild über die Entwicklung der Aktienkurse.

In einer solchen Ungewissheit bietet die Orientierung an einer Mode, beispielsweise Internetaktien, die notwendige Referenzgröße. Die Modeströmung wird beobachtet, weil der Fundamentalwert meistens nicht beobachtbar ist. Folglich ist die Gefahr größer, dass fundamentale Überlegungen zeitweise außer Kraft gesetzt werden, je uneindeutiger der Fundamentalwert ist. Da die zukünftige Entwicklung von Modeerscheinungen kaum oder gar nicht vorhergesagt werden kann, ist hierdurch keine risikolose Profitmöglichkeit geschaffen.

Ein extremes Beispiel ist die berühmte Tulipomanie im 17. Jahrhundert in den Niederlanden. Sie brach etwa ein Jahrhundert nach der Einführung der Tulpen aus Konstantinopel aus und erreichte innerhalb weniger Jahre um 1636 ihren Höhepunkt, als eine einzige Zwiebel der Sorte „Semper Augustus" mit einem Preis von 6000 Gulden – in etwa der Gegenwert eines Hauses samt Garten – gehandelt wurde. Die Entwicklung begann als eine Mode der Reichen, die einander durch die Extravaganz ihrer Züchtungen zu überbieten trachteten. Schon bald gehörte der Besitz interessanter Tulpen auch bei den einfacheren Leuten zum guten Ton, die freilich, um sich diesen Luxus leisten zu können, am Verkauf ihrer Kreationen interessiert sein mussten. Schließlich wollte jedermann verkaufen, solange die Preise noch hoch standen, und kaum jemand kaufen. Die Panik war da, und die Preise fielen ins Bodenlose.

Der Börsenexperte Donald J. Stocking fasste die Theorie so zusammen: *»Du kaufst keine Aktie, weil sie einen wirklichen Wert hat. Du kaufst sie, weil du glaubst, es gäbe auf der Welt noch einen größeren Narren, der bereit wäre, mehr für sie zu zahlen, als du gezählt hast.«*

5.7.3. Neglect-Firm und Bid-Ask-Spread-Effekte

Systematische Überreaktionen der Aktienkurse können auch auf den Neglect-Firm-Effekt zurückgeführt werden. So bleiben längere Zeit nicht analysierte Nebenwerte häufig in ihren Kursen gegenüber der allgemeinen Kurstendenz zurück. Erscheinen dann Analysen zu diesen Nebenwerten, so holen die betreffenden Aktien den Bewertungsrückstand meist schnell wieder auf. Die betreffenden Nebenwerte weisen bis zur Ausarbeitung einer Analyse also eine Unter- und danach eine Überperformance relativ zu ihrem Marktsegment auf.

Die Vernachlässigung einer Aktie ist aber nicht der einzige Auswahlgrund für eine Analyse. Abgesehen von den geschäftlichen Interessen der betreffenden Bank oder des Brokerhauses, die z. B. dazu führen, dass Blue Chips und eigene Emissionen regelmäßig untersucht werden, beeinflussen auch Market Makler die Analysten. Market Makler verpflichten sich dazu, für bestimmte Aktien ständig Kauf- und Verkaufskurse zu stellen, zu denen dann der Handel mit den Aktien abgewickelt wird.

Market Makler variieren außerdem die Differenz zwischen Geld- und Briefkursen (»Bid-Ask-Spread«) abhängig vom Umfang der Information, die für die betreffende Aktie zur Verfügung stehen. Gibt es eine große Informationsasymmetrie einer Aktie zwischen den Insidern des Unternehmens und den Outsidern an den Finanzmärkten, erhöht sich das Risiko der Market Makler und der »Bid-Ask-Spread«.

Aber gerade diese Informationsasymmetrie steigert den Anreiz für Analysten, die Aktie regelmäßig zu verfolgen, weil sich der Wert der Analysen erhöht. Deshalb variiert auch der »Bid-Ask-Spread« mit der Zahl der Analysten, die die Aktie regelmäßig verfolgen. Darüberhinaus hat die Anzahl der Analysten, die sich mit einer Aktie beschäftigen, Einfluss auf den »Bid-Ask-Spread«, da die Market Makler davon ausgehen, dass die Anzahl der Analysten mit einer erhöhten Informationsasymmetrie ansteigt. Umgekehrt gibt es einen solchen Einfluss auch, da die Analysten aus der Höhe des »Bid-Ask-Spreads« auf das Gewinnpotenzial der Aktie schließen.

Die betreffende Bewegung ist theoretisch zwar simultan, es kommt aber immer wieder zu kurzen Verzögerungen und Übertreibungen, besonders in Crash- oder Boomzeiten. Das liegt daran, dass in einem Crash oder Boom die relevanten Betrachtungszeiträume drastisch verkürzt sind. Dann gelingt es den Analysten immer weniger, die vom Markt geforderte Anzahl der Analysen bereitzustellen.

5.7.4. Gewinnschätzungen

Adam Smith erzählt in seinem Klassiker »The Money Game« die Geschichte von drei Freunden. Neben dem Autor selbst agieren in diesem Spiel der große Winfield, ein Freund des Autors und bekannter Börsianer, sowie Marvin, ein bankrotter Kakaospekulant. Sie wollen Gewinne mit Kakaokontrakten machen, nachdem sie erfahren haben, dass die Regierung von Ghana die Kakaostatistik wegen eines Schädlingsbefalles frisiert hat. Nach vielen Verwicklungen endet die Erzählung damit, dass alle drei Pleite gehen.

Grund dafür war, dass sie nicht überprüfen konnten, ob wirklich Schädlinge die Kakaoplantagen von Ghana befallen hatten. Denn Informationen breiten sich wie konzentrische Ringe langsam aus, ähnlich, wie wenn man einen Stein ins Wasser wirft. Zunächst wissen die Erntearbeiter vor Ort, was sich auf den Kakaoplantagen wirklich abspielt. Danach wittern die »Marvins« die Realität, später die Aktienanalysten und zuallerletzt die breite Masse der Anleger. Und all diese Informationen werden auf den verschiedenen Ebenen bearbeitet und erst danach weitergegeben. Alle Meldungen unterliegen dem Phänomen der Informationsverschmutzung. Dieses Phänomen wirkt ähnlich, wie das beliebte Kinderspiel »Stille Post«: Nachrichten am Ende der Kette werden immer anders wiedergegeben als zu Beginn.

Somit unterliegen auch Gewinnschätzungen der Analysten vielen Unwägbarkeiten, weil sie am Ende der Kette stehen und »verschmutzte« Informationen erhalten. So ist die Qualität von Gewinnschätzungen eigentlich unzureichend, da diese meistens relativ schnell getroffen werden müssen. An der Börse wie auch im täglichen Leben gilt: »*Nicht immer sind die Lauten (Analysten) auch die Weisen.*«

Besonders an Wendepunkten einer Entwicklung (beispielsweise am Anfang eines Wirtschaftsaufschwunges) sind die Gewinnvorausschätzungen von Experten regelmäßig fehlerhaft[45]. Psychologisch schlägt sich hier die relative große Salienz der jüngsten Entwicklung nieder. An den Aktienmärkten sind dies unter anderem Niveau und Trend der bisherigen Kursentwicklung. Zudem verstärken noch Berichte in den Medien die Salienz eines solch vorhandenen Trends und beeinflussen insofern auch die Prognose der Experten. Wie stark dieser Einfluss ist, hängt von der Art der Präsentation der Nachricht und von den früheren Erfahrungen des Investors mit ähnlichen Situationen ab.

Ein weiteres Problem von Analystenschätzungen ist der »positive Bias«. Das bedeutet, dass die Schätzungen zu optimistisch sind und somit im Laufe eines Jahres mehrfach korrigiert werden müssen. Fassen beispielsweise Brokerhäuser ihre Empfehlungen in Kategorien zusammen, so übertrifft die Zahl der Heraufstufungen regelmäßig die Zahl der Herabstufungen. Das ist zum Teil auf das geschäftliche Interesse der Brokerhäuser zurückzuführen, da Kaufempfehlungen mehr Kundenaufträge bringen

---

[45] So wird in Deutschland das Wirtschaftswachstum im Abschwung über- und in der ersten Zeit des Aufschwunges unterschätzt.

als Verkaufsempfehlungen. Doch die systematischen und permanenten Irrtumsmuster weisen darauf hin, dass es noch eine weitere Erklärung geben muss.

Da Unternehmensgewinne bedeutend von Zufallskomponenten beeinflusst werden, kann die Qualität der Gewinnvorausschätzungen nicht ausreichend durch einen späteren Vergleich mit den Ist-Zahlen eingeschätzt werden. Darum werden Analysten weniger an der Genauigkeit ihrer Schätzung gemessen, sondern daran, inwieweit die Schätzungen mit denen der übrigen Analysten übereinstimmen. In Experimenten konnte tatsächlich ein solches »Earning Herding« nachgewiesen werden. Es fiel umso höher aus, je glaubwürdiger die Konsensschätzung war, je weniger Vertrauen ein Analyst in seine eigenen Fähigkeiten hatte und je besorgter er um seinen Ruf war. Überdies ist das Herding umso stärker, je volatiler die aktuellen Gewinne, d. h. je schwieriger die Voraussagen sind.

Obwohl diese Problematik auch an den Finanzmärkten bekannt ist, hat sie dennoch deutliche Auswirkungen auf die Aktienkurse. Erreicht ein Unternehmen die Analystenschätzungen nicht, so fällt der Aktienkurs häufig um einige Prozentpunkte – je nachdem, ob es sich um größere oder kleinere Häuser handelt. Nur regional tätige Institute haben einen wesentlich geringeren Einfluss auf die Aktienkurse als diejenigen, die im gesamten Land oder gar international vertreten sind. So wird eine Analyse des international bekannten Brokerhauses Morgan Stanley weitaus stärker beachtet als eine Analyse der regionalen Oldenburgischen Landesbank. In der Regel sind die Gewinnschätzungen der Unternehmen selbst genauer. Die Veröffentlichung führt sowohl zu Gewinnrevisionen der Analysten als auch zu einer direkten Reaktion des Aktienmarktes.

Sehr viel schneller und konsequenter als Analysten reagieren die Märkte. Selbst wenn die Kurse schon längst keine Reaktion mehr zeigen, revidieren Analysten noch Monate später ihre Schätzungen. Relevante Neuigkeiten gehen also zuerst in die Aktienkurse ein, danach folgen die Updates und Gewinnrevisionen der Analysten. Darum raten viele Börsenexperten dem Anleger: »*Es ist nützlicher, über eine Sache selbst nachzugrübeln, ohne etwas zu unternehmen, als etwas zu unternehmen, ohne nachzugrübeln.*«

Das Herding der Analysten unterstützt starke Aufwärtsentwicklungen der Kurse in der Aktienhausse. Wegen der zögerlichen Anpassung ihrer Schätzungen nach unten sind sie meist aber nicht in der Lage, vor einem drohenden Kurswechsel rechtzeitig zu warnen. Auch in einem Aktiencrash verstärkt das Herding der Analysten die Kursentwicklung.

5.7.5. Verfügbarkeit von Informationen aus Sicht der Kursüberreaktion: Opinion Leader

Auch die Verfügbarkeit von Informationen wird vielfach für Kursüberreaktionen verantwortlich gemacht. Beispielsweise wird die hohe Volatilität zu Beginn eines Handelstages darauf zurückgeführt, dass die Informationen, die sich über Nacht angesammelt haben, von den Anlegern in entsprechende Käufe oder Verkäufe umgesetzt werden (»Opening-Effect«).

Überreaktionen können aber auch durch Medien und Meinungsführer hervorgerufen werden. Psychologisch lässt sich das durch kollektive Lernprozesse erklären. Wie schon erläutert neigen viele Menschen überdies dazu, neue Ereignisse auch dann bestimmten Ursachen zuzuschreiben, wenn diese objektiv nicht erkennbar sind (»Attribution«). So werden für steigende wie fallende Kurse oftmals dieselben Gründe genannt. Deswegen gilt an der Börse: »*Die Kurse machen die Neuigkeiten*« oder anders formuliert: Zu jeder Kursänderung wird im Nachhinein die passende Begründung geliefert – von Analysten oder den Medien.

Der Einfluss von Opinion Leadern und Medien auf die Entscheidungsbildung eines Anlegers ist enorm. So konnte nachgewiesen werden, dass sich Anleger bei ihren Entscheidungen eng an die Empfehlungen von Autoritäten halten. Dabei gilt: Je unerfahrener ein Anleger ist, umso stärker orientiert er sich an Autoritäten. Demgemäß haben Empfehlungen von Medien und Analysten nicht selten den Charakter von »Self-Fulfilling Prophecy«.

Die Medien wählen die Themen aber in Rückkoppelung mit ihren Kunden, also den Lesern, Hörern oder Zuschauern aus. So suchen die Journalisten die Themen aus, von denen sie glauben, dass diese ihre Kunden interessieren, um eine gute Auflage oder Quote zu erzielen. Bei einem positiven Rückkoppelungsprozess zwischen Kunde und Medien – wenn also die Quote oder die Auflage in Verbindung mit einem bestimmten Thema steigt – können sich Presseorgane und Publikum gegenseitig hochschaukeln.

Deshalb ist der Einfluss von Medien und Opinion Leadern auch in Boom- und Crashzeiten von großer Bedeutung. Sie bestärken die Anleger in ihren Erwartungen und wirken damit bei der Verstärkung ohnehin bestehender psychischer Effekte und

Trends als Katalysator. Hören Sie deswegen auf Archibald Cronin, der sagt: »*Ein Spezialist ist ein Experte, der sehr viel über sehr wenig weiß.*« Hinterfragen Sie immer sämtliche Ratschläge der Börsenexperten. Denn auch an der Börse gibt es nichts geschenkt, hinter jedem Tipp eines Experten steht auch immer eine bestimmte Absicht.

5.8. Die fünf wichtigsten Rationalitätsfallen

Arthur Schopenhauer formulierte es einmal so: »*Maximen beim Handeln sind notwendig, um der Schwäche des Augenblicks Widerstand leisten zu können.*« Wie finden wir aber diese Handlungsmaximen? Helfen kann der Erlebnisbericht des Anlegers Schmidt aus Kapitel 4. (S. 34 ff.), den wir nun mit einem anderen Wissensstand betrachten können. Anleger Schmidt wurde bei seinen Investmententscheidungen von seiner Intuition und seinen Stimmungen geführt, die durch psychische Effekte beeinflusst werden.

Zur Erinnerung sei hier die Geschichte Schmidts noch einmal zusammengefasst: Bei seiner ersten Aktienanlage machte er einen Gewinn, den er schnell realisierte. Auch die weiteren Anlagen verliefen positiv. Mit dem Erfolg stiegen sein Selbstvertrauen und seine Risikobereitschaft. Gleichzeitig überprüfte er Informationen nicht mehr so genau. Als die Kurse schrittweise, aber stetig, sanken, schwand langsam Schmidts Hoffnung auf einen Erfolg. Und als er immer mehr die Kontrolle über die Ereignisse verlor, machte sich Angst breit. Er überprüfte also noch einmal seine Anlageentscheidungen. Da Schmidt aber aufgrund der beschriebenen Effekte nur günstige Informationen und Prognosen wahrnahm, sah er seine Entscheidung bestätigt. Während dieser Phase, in der objektiv gesehen alles gegen sein Investment sprach, trog die Wahrnehmung Anleger Schmidt. Anstatt seine Aktienanlage glattzustellen, verdrängte er alle ungünstigen Nachrichten und Informationen, während er die Bedeutung positiver Meldungen überbewertete – er nahm also nur noch selektiv wahr. Somit erschien es unserem Anleger auch gerechtfertigt, den Einstandspreis durch Hinzukaufen zu den nun günstigeren Kursen zu verbessern. Als seine so erhöhte Position erneut unter Druck geriet, geriet Schmidt in Panik und stellte das gesamte Engagement glatt.

Die Geschichte des Anlegers Schmidt ist beileibe kein Einzelfall, sondern zeigt vielmehr exemplarisch die größten Gefahren irrationalen Vorgehens auf. Viele Anleger werden sich mehr oder minder stark an ähnliche Situationen ihres Investmentlebens erinnern. Lässt man die dargestellten irrationalen Verhaltensmuster noch einmal Revue passieren, so kristallisieren sich nach Goldberg et. al. im Wesentlichen fünf Aspekte heraus, die als die fünf zentralen Rationalitätsfallen bezeichnet werden.

„Rationalitätsfalle 1: Anwendung von Heuristiken (‚Vorschnelles Handeln')
Der Marktteilnehmer nimmt sich nur wenig Zeit, die aktuelle Lage einzuschätzen, und greift auf vergleichsweise wenig Informationen zuruck. Sein Problem besteht insbesondere darin, dass die für ihn leicht verfügbaren Informationen sein Urteil und somit seine Engagements zu stark bestimmen. Dies führt nicht selten zu Fehleinschätzungen und Entscheidungen, die man als nicht optimal bezeichnen muss. Zugleich denkt er in bestimmten Mustern beziehungsweise Stereotypen. Er wird hierbei ebenfalls leicht zum Opfer bestimmter Trugschlüsse und Irrtümer. Beispielsweise sieht er Zusammenhänge, nur weil sie gut in ein Schema passen, auch wenn sie tatsächlich gar nicht bestehen.

Rationalitätsfalle 2: Relatives Bewerten (‚Zu starke Orientierung an Einstandspreisen')
Der Akteur führt typischerweise für jedes Engagement ein eigenes ‚Konto' im Kopf. Er orientiert sich sehr genau am Einstandspreis und möchte jedes seiner Konten mit Gewinn abschließen. Dabei neigt er bei einem negativ verlaufenden Engagement zur Risikofreude, das heißt, er lässt Verluste laufen. Gerne erhöht er seine Position zu günstigeren Kursen, um somit den Einstandspreis zu verbilligen. Zugleich ist er bei einem gut laufenden Engagement zu risikoscheu und tendiert deswegen zu verfrühten Gewinnmitnahmen.

Rationalitätsfalle 3: Streben nach Dissonanzfreiheit (‚Das Festhalten an Entscheidungen')
Der Marktteilnehmer kann sich nur schlecht eingestehen, dass er bei einem Engagement einen Fehler gemacht haben soll. Er klebt förmlich an seiner Entscheidung und sucht nach Möglichkeiten, diese missliche Situation auszugleichen. Sein Problem besteht insbesondere darin, dass er sein Verlustengagement zumindest noch zum Einstandspreis abschließen muss, auch wenn dies nicht mehr sinnvoll oder möglich erscheint. Deshalb neigt er dazu, die Gewinnchancen seiner im Wert stark gefallenen Aktien zu überschätzen, nur um sich selbst (oder anderen) keinen Fehler eingestehen zu müssen. Aus demselben Grund nimmt er nur Informationen wahr, die ihm gelegen kommen, während er unangenehme Neuigkeiten weitgehend verharmlost oder gar ignoriert.

Rationalitätsfalle 4: Kontrollillusion (‚Überschätzen der Kontrollmöglichkeiten')
Hier neigt man dazu, seine Fähigkeiten zur Kursprognose insbesondere nach einigen erfolgreichen Engagements zu überschätzen. Man glaubt, die Situation gut im Griff zu haben, und nimmt überhöhte Risiken auf sich. Die Folge: Man läuft Gefahr, an seinen Prognosen beziehungsweise Anlageentscheidungen zu lange festzuhalten. Der Akteur hat in der Regel viel Geld in einige wenige Wertpapiere investiert, von deren Erfolg er felsenfest überzeugt ist. Häufig agiert dieser Anleger in einem einzigen Marktsegment. Sein Ziel ist es, vor aller Welt gut dazustehen und so schnell wie möglich reich zu werden.

Rationalitätsfalle 5: Kontrollverlust-Phänomene (‚Angst vor nicht kontrollierbaren Engagements')
Der Akteur hat ein hohes Bedürfnis, das Risiko seines Engagements zu kontrollieren. Er möchte gut informiert sein und gerät unter starken Stress, wenn er erkennen muss, dass er

die Situation kaum kontrollieren kann. Insbesondere bei heftigen Kursschwankungen fühlt er sich hoffnungslos ausgeliefert. Verluste machen ihn nervös und lassen ihn unüberlegt handeln. Aus diesem Grund meidet dieser Akteur solche Situationen und verpasst somit möglicherweise eine Vielzahl lukrativer Investments."[46]

Bedenken Sie: Um als Aktionär erfolgreich zu sein, müssen Sie nicht zum Börsenprofi werden, aber sie dürfen auch keine Spielernatur sein. Die wohl wichtigsten Aktionärstugenden sind Ruhe und Geduld. Ersparen Sie sich den täglichen Blick in den Börsenteil Ihrer Zeitung, lassen Sie sich nicht durch die Kapriolen der Tageskurse beirren. Denn schließlich konnte der Berliner Wirtschaftswissenschaftler Professor Richard Stehle aufzeigen, dass deutsche Aktien seit 1949 eine durchschnittliche Rendite von ca. 13 Prozent aufwiesen – obwohl die Aktienkurse um 37 % und 1990 um 20 % fielen.

Zudem gilt, dass die Wahrscheinlichkeit, mit Aktien eine Rendite von mehr als acht Prozent pro Jahr zu erzielen bei einem einjährigen Anlagehorizont ca. 52 Prozent beträgt. Bei einem zehnjährigen Anlagezeitraum steigt diese Wahrscheinlichkeit auf über 75 Prozent, bei einem zwanzigjährigen Anlagezeitraum auf über 90 Prozent.

Sie sehen also, ein kühler Kopf und ein nicht allzu kurzer Anlagehorizont sind der Schüssel zum Erfolg an den Börsen. Zum Schluss dieses Kapitels sollten wir aber noch einmal zusammenfassen, was einen erfolgreichen von einem erfolglosen Anleger unterscheidet.

Tabelle 5: Was unterscheidet erfolgreiche von erfolglosen Anlegern?

Was erfolglose Anleger falsch machen	Was erfolgreiche Anleger richtig machen
Sie informieren sich täglich über die Aktienkurse. Der Geschäftsverlauf eines Unternehmens interessiert wenig.	Sie lassen sich nicht durch Kursschwankungen beirren. Sie informieren sich mehr über den Geschäftsverlauf des Unternehmens als über den Kursverlauf.
Sie reagieren emotional auf unerwartete Ereignisse. Steigen die Kurse, so werden sie gierig und kaufen. Fallen dagegen die Aktienkurse, so werden Sie ängstlich und verkaufen.	Sie versuchen stets rational zu agieren.
Sie betrachten Aktien als Möglichkeit, schnell reich zu werden.	Aktien werden als gute Investitionsmöglichkeit gesehen – ähnlich einer Beteilung an einer Firma. Insofern wählen sie ihre Anlagen mit Bedacht aus.
Ihr Motto ist: »*Nicht kleckern, sondern klotzen.*« Darum spielen sie mit hohem Einsatz, setzen alles auf eine Karte und verlieren meist.	Sie handeln überaus risikobewusst und legen ein international breit gestreutes Wertpapierdepot an.

[46] Goldberg, Joachim und Nitzsch, Rüdiger v.: Behavioral Finance. Gewinne mit Kompetenz. Finanzbuchverlag. München, 2. Auflage 2000, S. 171 ff.

Sie spekulieren auch auf Kredit.	Sie haben immer noch Eingreifreserven, um bei günstigen Gelegenheiten handeln zu können. Sie würden niemals auf Kredit spekulieren.
Sie betrachten Kursrückgänge als persönliche Schicksalsschläge und verfallen dann in Panik und Verzweiflung.	Sie wissen, dass Kursrückgänge zur Börse gehören wie die Nacht zum Tag. Sie sind deshalb darauf finanziell und psychologisch eingestellt und nützen sie als eine willkommene Gelegenheit zum Einstieg. Getreu dem Motto: »*Jede Krise ist auch ein produktiver Zustand, wenn man ihm den Beigeschmack der Katastrophe nimmt.*«
Sie lesen nach Möglichkeit alles und verzetteln sich dabei im Detail. Darum wissen sie oberflächlich betrachtet sehr viel, verstehen aber tatsächlich das meiste nicht.	Sie verarbeiten nicht alle Informationen, sondern beschränken sich auf ein Pensum, das ohne geistige und zeitliche Überforderung zu bewältigen ist.
Sie tätigen sämtliche Kapitalanlagen selbst, auch wenn sie wenig Erfahrung, Talent und Zeit haben.	Sie erkennen ihre eigenen Grenzen. Darum nehmen sie bei ihren Investmententscheidungen Hilfe in Anspruch.

6. Aggregierungseffekte in den einzelnen Marktphasen

Richard Thaler sagte einmal zu den psychischen Effekten an der Börse: *»Think of the human brain as a personal computer with a very slow processor and a memory system that is both small and unpredical. I don't know about you, but the PC I carry between my ears has more disk failures than I care to think about it!«*

Die Darstellung der psychischen Einzeleffekte hat gezeigt, dass sich diese auf die Gesamtmarktebene auswirken. Außerdem konnte aufgezeigt werden, dass die Ausprägung der psychischen Einzeleffekte abhängig von der Marktphase ist. Es muss aber noch geklärt werden, in welchen Marktphasen sie besonders wirksam sind. Deshalb müssen wir zunächst einem Blick auf den Börsenzyklus werfen. Nach Ansicht der Behavioral Finance führt die soziale Infektion in bestimmten Börsenphasen zu gleichgerichtetem Verhalten der Anleger. Man kann die Börsenzyklen also auch als Zyklen der psychischen Verfassung der Anleger beschreiben Ein solcher Börsenzyklus ist in Abbildung 3 anhand des Beispiels des Deutschen Aktienindices (Abk. DAX) dargestellt.

Abbildung 3: Deutscher Aktienindex von 1991 bis 2002 mit Einteilung des Börsenzykluses

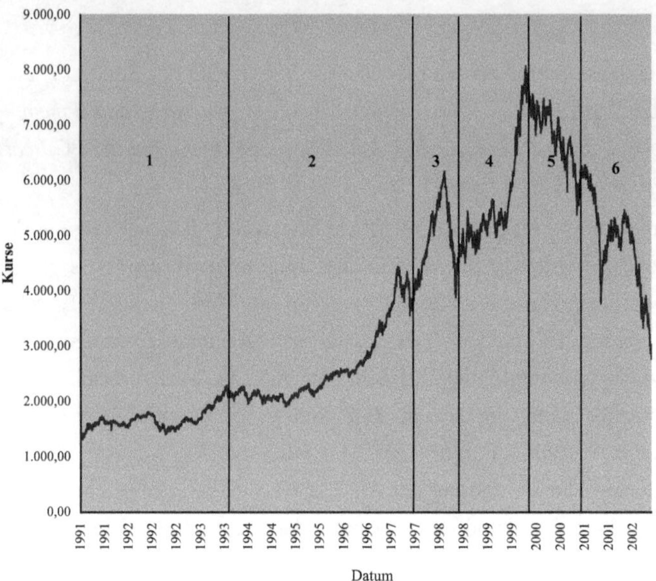

1=Trendlose Volatilität; 2=Kohärenter Trend I;3=Trendakzeleration I;4 =Trendwende; 5=Kohärenter Trend II; 6=Trendakzeleration II

Ein Börsenzyklus beginnt mit der Phase der trendlosen Volatilität, dann herrscht eine allgemeine Unsicherheit vor. Das Verhältnis zwischen rational und irrational agierenden Anlegern ist hier ausgeglichen. Durch die vorherige Talfahrt der Aktienbörsen sind die Aktien aus fundamentaler Sicht unterbewertet. Die Verunsicherung der Anleger ist auf die Erinnerung der vorangegangenen Kurseinbrüche zurückzuführen. Eine Verbesserung der Fundamentaldaten wird nicht wahrgenommen.

Auf die Trendlose Volatilität folgt der kohärente Trend I, während dem die Marktteilnehmer zunehmend rationaler werden. Die Verbesserung der Fundamentaldaten wird jetzt allmählich wahrgenommen. Der steigende Index wird über die Medien kommuniziert und die Erinnerung an die Kursstürze verblasst immer mehr. Die anhaltende und stabile Nachfrage sorgt für weiter steigende Kurse.

Um nicht von einem Markt mit steigenden Gewinnen ausgeschlossen zu sein, steigen viele Anleger jetzt ein. Das Marktverhalten stabilisiert sich, die Börsenumsätze wachsen stark an. Allmählich kommt der Zustrom immer neuer Anleger durch das Zusammenspiel der Massenmedien und Börsengurus in Fahrt. Zusätzlich führen Phänomene wie soziale Imitation, Harmoniebedürfnis, selektive Wahrnehmung und

Konditionierungseffekte zu einer immer stärkeren Homogenisierung des Marktverhaltens. Der kohärente Trend I mündet in die Trendakzeleration I.

In der Phase der Trendakzeleration I entfernen sich die Kurse mehr und mehr von der wirtschaftlichen Realität. Die Überzeugung an einen boomenden Aktienmarkt verbreitet sich, es kommt zu einer Euphorie unter den Anlegern. Jetzt steigen auch unerfahrene Anleger, die auf das schnelle Geld hoffen, ein. Der Überoptimismus führt zu einer Überbewertung der Aktien – also zu hohen Kurssprüngen. Eine gleichzeitige Verschlechterung der wirtschaftlichen Rahmendaten wird nicht wahrgenommen.

Die Trendwende beschreibt die folgende Marktübergangsphase. Die Anleger halten immer noch an der Erwartung auf steigende Kurse fest und suchen positive Nachrichten. Noch steigen unerfahrene Anleger weiter in den Markt ein.

Der kohärente Trend II ist von einer Verschlechterung der Fundamentaldaten gekennzeichnet, die sich allmählich am Markt durchsetzt. Viele Investoren verkaufen immer mehr Aktien, ohne ausreichend Käufer zu finden. Ein stabiler Abwärtstrend setzt sich im Index durch. Dennoch halten viele Anleger aus psychologischen Motiven (wie der Loss Aversion oder der Regretaversion) an ihren Aktien fest. Zudem kaufen viele Anleger in dieser Phase Aktien nach, um ihre Einstiegskurse zu verringern. Die Investoren sind überzeugt, dass die Kurse wieder steigen.

Schlussendlich setzt in der Abwärtsbewegung die Trendakzeleration II ein. Der fallende Index wird in der Medienberichterstattung verstärkt thematisiert. Irrationale Panik erfasst die Marktteilnehmer auf breiter Ebene. Ein massiver Ausverkauf (»sell out«) setzt ein. Der langsame Übergang in die trendlose Volatilitätsphase schließt den Kreis.

Neben den psychologischen gibt es auch ökonomische Indikatoren der Marktphasen. Während der kohärenten Phasen, also bei trendloser Volatilität und kohärenten Trends, bewegen sich die Märkte im Einklang mit den ökonomisch geforderten Kursen (z.B. den Fair Values oder fairen Aktienkurs) und anderen fundamentalen wirtschaftlichen Faktoren (z.B. Gewinnerwartung der Unternehmen).

Dagegen führt die Trendakzeleration zu einer deutlichen Über- bzw. Unterbewertung der Aktienkurse, die auch während der oberen Trendwende und auf der Talsohle fortbestehen. Die Trendakzeleration nach oben wird meist begleitet von der Suche nach neuen Finanzprodukten (Nebenwerte oder Finanzinnovationen), von einer schnellen Rotation der Börsenfavoriten (von Internetwerten zu Biotechnolgiewerten), einer hohen Nachrichtensensitivität und Themenfixierung des Marktes sowie einer Vielzahl (ökonomisch oft wenig fundierter) neuer Emissionen. Im Kursabschwung ist natürlich das genaue Gegenteil der Fall. Während der Trendakzeleration sind die Börsenumsätze besonders hoch, auf der Talsohle dagegen besonders gering.

Nach dieser Einführung sollen die nächsten Abschnitte einen tieferen Einblick in die Börsenzyklen gewähren. Dazu werden die Zyklen des kohärenten Trends und der trendlosen Volatilität unter dem Begriff kohärente Marktphasen zusammengefasst. Alle anderen Phasen werden als Boom und Crash bezeichnet, weil sie schlussendlich darin münden.

6.1. Kohärente Marktphasen

In kohärenten Marktphasen befinden sich die Fundamentaldaten und die Aktienkurse in einem Gleichgewicht. Meistens steigen die Aktienkurse in kohärenten Marktphasen langsam, da sich Abwärtsbewegungen so schnell vollziehen, dass sie sich in kohärenten Marktphasen nicht ausbilden können, da sich die Fundamentaldaten zu langsam wandeln. Nur bei außerordentlich langen Abwärtsbewegungen kann es zeitweise zu kohärenten Abwärtsbewegungen kommen. Ein Beispiel ist hierfür der »Crash auf Raten« der New-Economy-Aktien zu Beginn des neuen Jahrtausends.

6.1.1. Typische Einzeleffekte in kohärenten Marktphasen

Selbst bei einem eher ruhigen Aktienmarkt, kann man eine schier unübersehbare Fülle von Irrationalitäten beobachten. Deshalb werden hier nur die Wichtigsten beschrieben. Typisch für diese Irrationalitäten ist, dass sie zu den schwächeren psychischen Effekten zählen. Deshalb treten sie von Anleger zu Anleger in unterschiedlicher Ausprägung, Intensität und zu verschiedenen Zeitpunkten auf und haben keinen dauerhaften Einfluss auf die Gesamtmarktebene.

Bei kohärenten Aufwärtstrends und trendloser Volatilität gewichten die Anleger zeitlich nahe Gewinne gegenüber Zukünftigen zu hoch. Die Stärke dieser Tendenz hängt von einer ganzen Reihe von individuellen Faktoren ab – dem Alter, dem Grad der Ausbildung, dem beruflichen Status, der ökonomischen Situation, der Kenntnis des Aktienmarktes, der Selbstkontrolle sowie der Risikofreude. Auch die Überzeugung der meisten Anleger, dass die Kurse in Wellenbewegungen verlaufen, ist typisch für kohärente Marktphasen. Die »Gambler's Fallacy« sorgt dann häufig dafür, dass Gewinne zu früh realisiert werden und so der Aufwärtstrend nicht voll ausgenutzt wird.

Selbst in ruhigen Marktphasen kommt es immer wieder zu Kurszyklen bestimmter Aktiengruppen, die auf Bewertungs- und Anlagemoden zurückgehen. Daher kann es zu einer relativen Stärke bestimmter Länder oder Branchen kommen, die man zu einem mittelfristigen Trading ausnutzen kann. Eine andere Möglichkeit, solche Wellenbewegungen auszunutzen, liegt in der Strategie des »Value Investment«. Sie berücksichtigt, dass nicht alle Aktien gleichzeitig im Mittelpunkt der Betrachtung stehen. So werden gerade kleine Unternehmen nur sporadisch von Analysten untersucht und sind bis dahin unterbewertet. Einmal entdeckt, holen diese Aktien den Bewertungsrückstand zumeist schnell wieder auf. Es macht also Sinn, gerade auf solche unterbewertete Aktien zu setzen, weil sie gegenüber dem Markt eine Überperformance versprechen.

Auch das Risiko-Return-Paradox ist in ruhigen Marktphasen auf der Gesamtmarktebene wirksam. So weisen vor allem die Aktien eine hohe Volatilität auf, die in der Vergangenheit unterdurchschnittlich performten. Das liegt daran, dass Renditen unterhalb eines bestimmten Niveaus negative, Renditen darüber positive Risiko-Rendite-Assoziationen hervorrufen. Folglich verhalten sich die meisten Anleger oberhalb dieses Niveaus risikoscheu, unterhalb risikofreudig. Anders als das Risiko-Return-Paradox es erwarten lassen würde, verhalten sich die Anleger in einer konsistenten Marktphase besonders risikoscheu.

Auch in kohärenten Marktphasen gehen die Anleger nicht besonders rational vor. Aber die Irrationalitäten lassen sich durch Erfahrung und Schulung vermeiden. Weiterhin gleichen sich die Irrationalitäten dann auf der Gesamtmarktebene aus. Deshalb werden die Aktienmärkte in diesen Phasen hauptsächlich durch ökonomische Faktoren bestimmt.

6.1.2. Das Gesetz der großen Zahl und die Arbitrage

Mittelwert und Streuung nähern sich bei wachsender Zahl von Versuchen immer mehr einem Grenzwert an. Deshalb steigt mit dem Umfang einer Stichprobe auch die Verlässlichkeit, mit der man Aussagen über die Grundgesamtheit machen kann.

Begreift man die Irrationalitäten auf den Finanzmärkten als Anomalien, so bedeutet das, dass sich diese Abweichungen durch das »Gesetz der großen Zahl« gegenseitig kompensieren. Vorrausetzung ist, dass solche Verhaltensweisen zufällig verteilt sind, also keineswegs in großer Zahl und zum selben Zeitpunkt auftreten. Das ist in den ruhigen und trendlosen Marktphasen tatsächlich der Fall. Zwar bewirken Kalendereffekte oder Favoritenwechsel eine gewisse Aggregation, aber diese ist meist nur kurzfristig.

Effiziente Märkte können aber auch durch Arbitrage, also durch das Ausnutzen von Marktirrationalitäten, hergestellt werden. Irrational handelnde Anleger werden der klassischen Finanztheorie zufolge aus dem Markt gedrängt, weil sie schlechtere Ergebnisse erzielen als rational handelnde Anleger. So verlieren die irrational handelnden Anleger demnach langsam sowohl an Kaufkraft als auch an Nachahmern, müssen daher nach einiger Zeit aufgeben oder sich zu rational handelnden Anlegern wandeln. Damit sich ein solcher Effekt einstellt, genügt es nach dieser Theorie schon, dass es im Anfangsstadium einige wenige rationale Anleger gibt.

In der Realität stellt sich ein solch effizienter Marktzustand allerdings nie ein. Das kann mehrere Gründe haben. Zum einen fehlt es an den komplett informierten und rational handelnden Anleger. Zum anderen strömen ständig neue, nicht informierte Anleger auf die Märkte. Es ist außerdem falsch, dass irrational handelnde Anleger sich nach einigen Mißerfolgen automatisch zu rationalen Anlegern wandeln – es bleibt immer eine Anzahl von Unbelehrbaren.

Um die Marktirrationalitäten auszunutzen und durch fundamentale und technische Analysemethoden Überrenditen zu erzielen, eignen sich eigentlich nur die Value- und Kalendereffekte sowie der Mean Reversion. In kohärenten Marktphasen haben die technischen und fundamentalen Methoden einen Performancevorteil.

6.2. Boom- und Crashphasen

Auch mittels der neueren Forschung ist es nicht möglich, einen Boom verlässlich zu diagnostizieren oder die Gefahr eines Crashes zu quantifizieren. Darum beschränke ich mich auf die Darstellung der typischen Effekte in Boom- und Crashphasen, ganz nach dem Motto: »*Ist die Gefahr erkannt, so ist sie auch gebannt.*« Denn diese Effekte führen zu irrationalen Handlungen. Meine Hoffnung ist, dass Anleger mithilfe dieses Buches ihr Handeln rechtzeitig genug erkennen und gegensteuern können. Schließlich ist es nach Oskar Kokoschka »*selten für etwas im Leben zu früh und niemals für etwas zu spät*«.

Eine Eigenschaft von Boom und Crash ist, dass sich der Aktienmarkt dann weitgehend von seiner fundamentalen ökonomischen Determinante löst. Zwar werden wirtschaftliche Informationen noch beachtet, sie dienen meist aber zur Rechtfertigung der aktuellen Kursentwicklung.

6.2.1. Typische Einzeleffekte in Boom- und Crashphasen

Für einen Boom oder Crash sind psychische Effekte eindeutig ausschlaggebend. Die Urteile der Anleger hängen deutlich von ihren Stimmungen ab. Aus dieser Tatsache leitet sich die alte Börsenweisheit ab: »*Eine freundliche Stimmung an der Börse sollte nicht zu voreiligen Schlüssen führen. So manch einer, der rosig aussieht, hat nur einen hohen Blutdruck.*«

Der Einfluss der Stimmungen ist umso stärker, je größer der Zeitdruck wird, je komplexer das anstehende Urteil ist und je weniger andere urteilsrelevante Informationen zum Anleger vordringen. Gerade in Umbruchsituationen, wie Boom- oder Crashzeiten sie darstellen, sind Stimmungen vielfach die entscheidenden Urteilskomponenten. So weisen Anleger in einer gehobenen Stimmung positiven Ereignissen eine höhere, negativen eine niedrigere Wahrscheinlichkeit zu. Daher erscheinen ihnen Änderungen ihres Verhaltens nicht notwendig. Einfache Heuristiken genügen zur Urteilsfindung. Außerdem sind Anleger in einer gehobenen Stimmung leichter von Außenstehenden beeinflussbar, weil sie weniger auf Details achten.

Dagegen halten Anleger in gedrückter Stimmung negative Ereignisse für wahrscheinlicher, positive für unwahrscheinlicher. Folgerichtig versuchen sie, jegliches Risiko zu vermeiden. Sie verwerfen daher ungewisse Lösungsstrategien und vereinfachende Daumenregeln und gehen zu einer detaillierten kausalen Analyse über. Haben sie für diese Analyse keine Zeit, so verschieben sie die Entscheidung lieber. Außenstehende haben nur dann einen Einfluss auf die Entscheidung des Anlegers, wenn deren Argumente überzeugen können.

Stimmungen bestimmen also die Erwartungsbildung der Anleger. Die Erwartungen selbst wirken meist in ähnlicher Richtung. So wird die Diagnose- und Prognosekraft von Informationen, die einer bestehenden Erwartung widersprechen, häufig unterschätzt, die von passenden Informationen dagegen überschätzt. Hierdurch verfestigen sich die Erwartungen im Laufe des Booms oder Crashs zusehends. Vor allem im Boom werden die Erwartungen uniformer, abhängiger von externen Quellen und sind kurzfristiger ausgerichtet. Sie führen somit zu risikofreudigerem Verhalten als in anderen Marktphasen.

Ähnlich wirkt der Availability-Effekt. Ist die Aufmerksamkeit eines Anlegers auf eine bestimmte Information gerichtet, so überschätzt er systematisch deren Eintrittswahrscheinlichkeit. Da die Salienz (siehe Seite 118 ff.) von Nachrichten mit dem Kurszyklus schwankt, werden Gewinnchancen im Laufe einer Hausse von Anlegern stärker wahrgenommen. Käufe werden damit attraktiver, während sich das Risikobewusstsein zurückbildet. Dies veranlasste schon Willi H. Grün zu dem Ausspruch: »*Die allerbeste Laune der Börse wird Hausse genannt.*« In dieser Laune vergessen Anleger, dass man auch mit Aktien Verluste erzielen kann. Umgekehrt nehmen Anleger in der Baisse nur noch Risiken wahr, die Chancen eines Investments werden kaum noch gesehen.

Ferner haben Untersuchungen gezeigt, dass Presse, Analysten und andere Opinion Leader zu einer den Kursverlauf rechtfertigenden und fortschreibenden Darstellungsweise tendieren. So bestärken sie Anleger durch Auswahl und Färbung ihrer Kommentare in ihren Erwartungen und somit in ihren Handlungen. Die Medien, Analysten und Opinion Leader wirken damit als Katalysator für ohnehin schon bestehende psychische Effekte und Trends. Möchte ein Investor die Informationen sortieren und die »Spreu vom Weizen« trennen, so sollte er sich an Folgendes erinnern: »*Wer bei der Geldanlage kühlen Kopf behalten will, muss die einströmenden Informationen gewichten und analysieren können.*«

Neben den dargestellten Effekten im Zusammenhang mit der Informationsaufnahme und -verarbeitung spielen in Boom- und Crashphasen auch psychische Barrieren eine nicht zu unterschätzende Rolle. So werden in der Hausse bisherige Widerstände überwunden. Dadurch fühlen sich die Anleger bestärkt, die Kontrollillusion beginnt. Die Kontrollillusion übersteht erste Marktunsicherheiten, sodass an sich notwendige Entscheidungen verschoben werden. Erst, wenn kein Unterstützungsniveau mehr hält kann der Anleger den Kontrollverlust nicht mehr leugnen. Wird die Kontrollillusion gänzlich zerstört, so ist erlernte Hilflosigkeit die Folge – Kontrollmöglichkeiten werden nicht mehr wahrgenommen. Der Anleger schließt sich in seinen Erwartungen und Handlungen der Mehrheit an.

Durch den »Curse of Knowledge« wird die Kontrollillusion noch verstärkt: Anleger sind im Nachhinein über die Ereignisse der unmittelbaren Vergangenheit nicht überrascht, sondern sie finden dafür plausible Erklärungen. Somit erscheint das Ereignis im Rückblick als logisch und unabwendbar. Darum sind die Anleger dann davon überzeugt, dass sie das betreffende Ereignis vorhersagen konnten und somit die Situation eigentlich unter Kontrolle hatten.

Verstärkt wird dieser Effekt durch »Crowdingeffekte«. Jeder Anleger neigt – je nach Persönlichkeit – mehr oder weniger stark dazu, sich einer Mehrheitsentscheidung anzuschließen und entsprechend zu handeln. Diese Bereitschaft ist besonders stark, wenn die Gruppenmitglieder über dieselben Einstellungen, Stimmungen, Erwartungen und Informationsquellen verfügen. Dann weisen die Kurse früher oder später eine erstaunliche Unempfindlichkeit gegenüber Nachrichten auf, die nicht ins Gruppenbild passen.

Es gibt aber auch noch die psychischen Effekte, die nur in einer der beiden Übertreibungsphasen auf die Gesamtmarktebene wirken. So wirkt im Boom Overconfidence und Überoptimismus. Beide Effekte sind auf fehlerhafte Erwartungen und Zuschreibungen der Anleger zurückzuführen. Overconfidence trägt zur Bildung von Kontrollillusionen bei, die dazu führen können, dass der Anleger im Crash viel zu spät handelt. Dagegen begünstigt der Überoptimismus die gelernte Sorglosigkeit und erschwert somit in einem Boom rationales Handeln.

Auch das »Preference Reversal« hat Auswirkungen auf das Handeln der Anleger im Boom. Mit diesem Begriff wird beschrieben, dass die Vorstellungen zwischen dem gewünschten Kauf- und Verkaufskurs erheblich differieren. Dies ist vor allem in der letzten Phase der Hausse von Bedeutung, wenn potenzielle Verkäufer ihre Verkaufspreisvorstellungen ständig nach oben revidieren und zwar meist schneller als die Kurse selbst ansteigen.

Andere psychische Effekte wirken im Kurssturz. So können mentale Blockaden auftreten, wenn der aktuelle Aktienkurs unter den Einstiegskurs fällt. Dann ist Inaktivität meistens die unmittelbare Folge. Doch schon Goethe erkannte: »*Unbedingte Tätigkeit, von welcher Art sie sei, macht zuletzt bankrott.*« Diese Inaktivität wird durch die Neigung der Anleger, nicht im Verlust zu verkaufen, unterstützt. Die Psychologie erklärt diese Loss Aversion damit, dass Anleger vor allem im Crash ihren Ratgeber kennen, ihm vertrauen und klare Ratschläge bekommen wollen. Wenn das aber nicht geschieht, folgt Inaktivität. Diese wird durch den »Sunk-Cost-Effekt« verstärkt. Die Lähmungsphase wird ausgelöst, wenn die Investments der Anleger durch den Aktiencrash massenhaft unter ihre Einstandskurse sinken.

Natürlich bauen sich in Crashzeiten innere Spannungszustände aus Ärger und Aggression bei den Anlegern auf. Je länger sie inaktiv sind, desto stärker werden diese

Emotionen. Kurzfristige Erlösung verspricht nur ein Befreiungsschlag, also ein plötzlicher Verkauf der Aktien. Zusammen mit der Lähmung der übrigen Anleger bilden sie ein wichtiges Element in der Marktdynamik eines Crashes. Um nicht in dieses innere Spannungsfeld zu geraten, raten viele Börsenprofis den Anlegern, sich an folgenden Spruch zu erinnern: »*Sie ärgern sich über Dummheiten, die sie machten, Weise belächeln sie.*«

Eine andere Erklärung für das Verhalten der Anleger im Crash oder Boom liefert die gehirnphysiologische Stressreaktion. Demnach schränkt sich das Denken der Anleger in einem lang anhaltenden Boom immer stärker auf das aktuelle Erleben ein. Die Leiterbahnen im Gehirn sind am Ende eines Booms so auf weitere Kurssteigerungen eingestellt, dass sie beginnende Kursverluste nicht wahrnehmen. Geben die Kurse nun deutlich nach, so versuchen die Marktteilnehmer zunächst, die Situation mit den alten Denk- und Verhaltensmustern zu lösen. Ist das nicht möglich, so fühlen sich die Anleger hilflos und reagieren mit Inaktivität. Dann bauen die Gehirne der Anleger die alten »Verdrahtungen« in Rekordzeit ab und ersetzen sie durch Neue. Die Folge ist, dass Anleger, nur noch Aktien von Unternehmen mit Substanz und nachhaltigem Ertrag kaufen, also risikoscheu werden.

Der »Gating-Effekt« ist auch ein Teil der gehirnphysiologischen Stressreaktion. Durch Stress vermindert sich die Kapazität der Informationsaufnahme deutlich. Hierdurch wird das Stressleben wiederum intensiviert, weil die Anleger eine große Diskrepanz zwischen der Fülle der auf sie einstürmenden Informationen und ihrer Kapazität zur Verarbeitung feststellen. »*Der Gestreßte fühlt sich wie ein Karpfen im Hechtteich.*«

Die Folge ist, dass die Kapazität zur Verarbeitung der Informationen noch weiter zurückgeht. Der Stressfaktor des Anlegers wird immer weiter gesteigert, bis er traumatisiert wird und nicht mehr rational vorgehen kann.

7. Wie soll sich ein Anleger richtig verhalten?

Nachdem wir in den vorangegangenen Kapiteln gelernt haben, dass sich die Anleger in vielen Situationen des täglichen Handels - selbst wenn sie es wollten - nicht immer rational verhalten können, müssen wir nun die Frage diskutieren, welchen Nutzen Anleger aus diesen Erkenntnissen ziehen können, d.h., wie sich die dargestellten Irrtümer und Fehler vermeiden lassen. Selbsterkenntnis allein reicht nicht aus, um das Verhalten an den Märkten zu verbessern und somit höhere Gewinne zu erzielen. Vielmehr ist der Schüssel zum Erfolg die Bereitschaft, an sich zu arbeiten und etwas Neues hinzuzulernen.

Wer aufgrund der bisherigen Erkenntnisse aus der Lektüre dieses Buches diese Irrationalitäten besser versteht und zudem bereit ist, sein eigenes alltägliches Handeln an den Börsen sensibler und kritischer zu betrachten, hat schon gewonnen. Schon damit kann der Anleger seine Gewinne steigern und seine Verluste verringern, weil die Börse nichts anderes ist, als ein Spiegel zwischenmenschlicher Aktionen und Reaktionen. In solchen Märkten wird es einem Anleger, der über die psychologisch verursachten Effekte der anderen Marktteilnehmer Bescheid weiß, mit etwas Geschick mehr und mehr gelingen, seine gewählte Strategie besser umzusetzen.

Doch leider verhindern eben diese psychischen Effekte die geforderte Disziplin, an einer gewählten Strategie festzuhalten. Die Psyche sagt einem dann: »*Ich würde mich ja gerne von der Norm absetzten, aber ich kann nicht...*«. Und gerade dieses »aber« führt dazu, dass man im Gestrüpp der eigenen Disziplinlosigkeit hängen bleibt.

Leider gibt es gegen die menschlichen Schwächen kein Allheilmittel. So sind Sie von den vorangegangenen Beispielen vielleicht manchmal etwas stärker, ein anderes Mal weniger stark angesprochen worden. Das liegt daran, dass es verschiedene Typen von Anlegern gibt, auf die die unterschiedlichen Effekte auch unterschiedlich wirken.

7.1. Die Anlegertypen

7.1.1. Der intuitive Typ

Auch nach Millionen Jahren der Evolution zeigen sich im menschlichen Verhalten Reste instinktiver Handlungsmuster. Dazu gehört das Bedürfnis, sich ein eigenes

»Nest« zu bauen und dieses gegen Fremde abzusichern. Aber vor allem sind es die alltäglichen Routinen, die einen dominanten Part bei intuitiven Menschen spielen. Dazu gehören die immer wiederkehrenden Rituale, die der Mensch nicht mehr bewusst vollzieht, wie etwa das frühmorgendliche Aufstehen und Waschen, Kaffee kochen und das Frühstücken.

Das Leben eines intuitiven Menschen besteht aus vielen Routinen und schnell verfügbaren Handlungsmustern. Problematisch wird es erst, wenn sein geordneter Tagesablauf gestört wird. Man stelle sich folgendes Beispiel vor: Ungewöhnlich zu dieser Tageszeit klingelt es um sieben Uhr in der Frühe an der Tür. Ein intuitiver Mensch würde sofort in Alarmbereitschaft versetzt, die sich entweder in Angst (»*Hoffentlich ist nichts passiert*«), Zorn (»*Wer besitzt denn die Frechheit und klingelt zu so einer frühren Uhrzeit?*«) oder sogar in einer Lähmung äußert. Auf die Finanzmärkte übertragen bedeutet das, dass intuitive Menschen glauben, dass sie eine »Spürnase« für profitable Geschäfte und günstige Situationen haben. Sie sind also ganz auf Gewinne programmiert.

Da sich der intuitive Anlegertyp nur wenig Zeit für seine Entscheidungen nimmt, muss er sich die Vorteile unbewusst ablaufender Routinen zu Nutze machen. Deshalb neigt er in hohem Maße dazu, komplexe Sachverhalte zu vereinfachen. Er wird auf Heuristiken zurückgreifen, um eine Information möglichst schnell beurteilen zu können. Einzig die für ihn schnell verfügbaren Informationen bestimmen seine Einschätzungen und somit seine Investments. Deshalb ist er auch ein leichtes Opfer der eigenen selektiven Wahrnehmung.

Zudem ist der intuitive Anlegertyp stark gefährdet, auf alle besprochenen Heuristiken hereinzufallen. Fehler entstehen vor allem dann, wenn mehrere Aktien gleichzeitig gekauft oder verkauft werden, da die Menge der benötigten Informationen dann zu hoch und zu komplex ist, als dass sie in kurzer Zeit noch bewältigt werden können. Deshalb kann es vorkommen, dass die Aktionen zu hektisch ablaufen und damit die Handelshäufigkeit stark erhöht wird, so dass die Gewinne am Ende nicht einmal zur Deckung der Transaktionskosten ausreichen.

Die wichtigste Information für den intuitiven Anleger ist der Einstandspreis seines Engagements. Er bewertet jede Anlage separat und die Einstandspreise sind meist das Einzige, was in seinem Gedächtnis hängen bleibt. So ist es nicht erstaunlich, dass er versuchen wird, Gewinne frühzeitig zu realisieren, während er auf der anderen Seite mit Verlusten nichts zu tun haben möchte. Hier kann nun der Dispositionseffekt seine ganze fatale Wirkung entfalten.

Ein Bauchmensch versucht zudem, auf neue Ereignisse und Entwicklungen mit Taten zu reagieren. Dies gilt ebenso bei positiven wie negativen Situationen. Sein Motiv ist rein materieller Natur, er möchte aufgelaufene Gewinne bewahren. Er handelt also nach dem Verhaltensmuster »Erhaltung des Erreichten«. Er strebt außerdem danach, immer das gesellschaftlich Angemessene zu tun, Abweichungen von der Norm sind nicht seine Sache.

Im Grunde ist der intuitive Typ sehr von sich selbst überzeugt. Er handelt nach der Devise: »*Ich mache das Richtige; schließlich kann ich mich auf meine Intuition verlassen.*« Jederzeit ist er bereit, handelnd in das Marktgeschehen einzugreifen und durch diese stete Bereitschaft zum Handeln empfindet er zugleich auch eine gewisse Kontrolle über die Situation. Darum glaubt er felsenfest daran, dass er durch eigenes Zutun problematische Situationen retten oder günstige Situationen schnell für sich ausnutzen kann. Ein Bauchmensch möchte permanenten Zugriff auf die Kurse seiner Investments, in der Hoffnung, durch umfassende Informationen seine Performance zu verbessern. Hat er tatsächlich einmal mehrere Engagements hintereinander erfolgreich abgeschlossen, neigt er besonders zur »Overconfidence« und damit dazu, durch riskante Positionen erhebliche Verluste einstecken zu müssen.

7.1.2. Der emotionale Typ

Um uns dem emotionalen Typ zu nähern, sollten wir zunächst eine gewisse Einteilung der Emotionen vornehmen. So kann man in einer Gruppe die sozialen Emotionen wie Wut, Hass, Schuld, Scham, Bewunderung und Zuneigung zusammenfassen. In einer anderen Gruppe können dagegen die Emotionen eingeordnet werden, die sich aus der Unsicherheit über künftige Ereignisse ergeben. Hierbei handelt es sich um Gefühle wie Hoffnung, Gier und Angst. In die letzte Gruppe werden Emotionen wie Bedauern, Überraschung oder Enttäuschung einsortiert.

Für das Anlageverhalten ist besonders die zweite und dritte Gruppe ausschlaggebend. Das Credo eines emotionalen Typen lautet: »*Ich möchte um jeden Preis geliebt werden.*« Ein emotionaler Typ wird deswegen versuchen, positive Gefühle zu verstärken und negative zu unterdrücken. Zudem versucht er aber auch, andere Menschen massiv in seinem Sinne zu beeinflussen.

Ein emotionaler Markteilnehmer trifft seine Handelsentscheidungen nicht gerne allein. Er möchte sich mit anderen austauschen, bevor er in Aktion tritt. Am liebsten tut er sich mit Gleichgesinnten in einer Gruppe zusamme, die als Entscheidungsbasis dient. In dieser Gruppe kann der emotionale Anleger seine eigene Meinung äußern, aber verglichen mit einer Einzelentscheidung weniger Verantwortung dafür übernehmen, da die Entscheidung letztendlich von der Gruppe getragen wird, nach dem Motto: »*Was alle trifft, erträgt man leichter.*« Stellt sich die Entscheidung im Nachhinein als falsch heraus, so verteilt sich die Schuld entsprechend auf mehrere. War dagegen die Einschätzung richtig, so wird sie von den Gruppenmitgliedern häufig als Einzelleistung wahrgenommen.

Wie bereits erwähnt versucht ein emotionaler Anleger, positive Gefühle zu verstärken und negative zu unterdrücken. Zur Bestärkung positiver Gefühle benötigt er Erfolge, und ob ein Investment als Erfolg oder als Misserfolg angesehen wird, hängt vom Einstandspreis ab. Deshalb ist der Einstandspreis auch bei emotionalen Anlegern wichtiger Bezugspunkt.

Die größte Schwäche eines emotionalen Anlegers liegt in seiner Harmoniebedürftigkeit. Dieser Anlegertyp wird alles unterlassen, was seine Harmonie beeinträchtigen könnte. Insofern ist der emotionale Anleger ein Dissonanzvermeider, der sich nur schwer eingestehen kann, dass er bei einem Engagement etwas falsch gemacht hat. Er hängt emotional auch an seinen falschen Entscheidungen und sucht nach Möglichkeiten, aus den daraus entstanden misslichen Situationen zu entkommen. Ein Weg dazu bietet ihm die selektive Wahrnehmung an. Er sucht Informationen, die seine Investitionsentscheidungen bestätigen, und vernachlässigt alle ungünstigen Nachrichten.

Das führt dazu, dass ein emotionaler Anleger bei ungünstiger Marktentwicklung sehr lange zögert, bevor er seine Verluste realisiert. Er sagt sich: »*Jetzt steige ich erst recht nicht mehr aus. Ich warte, bis ich wieder in die Gewinnzone komme, egal wie lange es dauert.*«

7.1.3. Der rationale Typ

Viele Menschen halten sich für vernünftig, insbesondere wenn es um Geldangelegenheiten geht. Gleichwohl ist es, wie oben bereits ausgeführt, für jeden Einzelnen schwierig, rein vernunftgesteuert Entscheidungen zu treffen. Wenn dennoch von einem rationalen Anleger gesprochen wird, so handelt es sich um einen nachdenklich sachlichen Typus, also um einen Kopfmenschen. Dieser handelt nach der Devise:

»*Wissen ist Macht und an der Börse auch Geld.*« Darum ist ein Kopfmensch auch sehr wissbegierig.

Das Hauptmotiv eines rationalen Anlegers liegt in der Verringerung der Angst vor dem Ungewissen. Seine größte Angst ist, dass sein Wissen nicht ausreichen könnte, um Gefahren zu kontrollieren. Deshalb versucht er, Kontrolle über diejenigen Faktoren zu erlangen, die die Zukunft beeinflussen könnten. Er versucht also die Zusammenhänge und Wirkungsweisen seiner Handlungen zu verstehen. Deswegen benötigt er für alle seine Entscheidungen eine vernünftige Erklärung.

Auch gravierende Veränderungen in seinem Umfeld mag ein Kopfmensch nicht, es sei denn, der Wandel ist für ihn rational nachvollziehbar und somit sinnvoll. Aus diesem Grund fällt es einem Kopfmenschen auch schwer, Liebgewonnenes loszulassen. Denn ein solches Loslassen könnte mit einem Kontrollverlust verbunden sein. Mit anderen tut er sich nur zusammen, wenn sie ähnliche Weltanschauungen haben.

Am liebsten würde ein rationaler Anleger die Kursentwicklung an den Finanzmärkten selbst steuern. Weil er aber weiß, dass eine derartige Kontrolle nicht möglich ist, versucht er zumindest das zu kontrollieren, was das künftige Verhalten der Marktteilnehmer beeinflussen könnte, nämlich die Informationen und Prognosen – und zwar indem er sich möglichst viele Informationen beschafft. Seine Prognosen erstellt er sich aus diesen Informationen selbst, um die größtmögliche Kontrolle zu erhalten.

Der Kopfmensch ist außerdem darauf bedacht, seine Erträge dauerhaft und langfristig zu erzielen. Ihm geht es nicht um den schnellen, sondern um den möglichst risikolosen Gewinn. Daher bleibt er bei seinen Engagements immer auf der sicheren Seite. Er tätigt nur die Investments, bei denen er überzeugt ist, sie kontrollieren zu können.

Der rationale Typ versucht Situationen zu vermeiden, in denen er befürchten muss, den Überblick und die Kontrolle zu verlieren. Logischerweise zeigt ein Kopfmensch deshalb eine ausgeprägte Abneigung gegen schlecht kontrollierbare Investments. Die Folge ist, dass er eher wenig handelt – und das ist seine größte Schwäche. Denn wer nicht handelt, kann natürlich auch nichts gewinnen.

Wenn der rationale Anleger aktiv am Handelsgeschehen teilnimmt, besteht die Gefahr, dass er bei einem unerwarteten Kursverlauf schnell ein Kontrolldefizit empfindet. Und das geht bei ihm aufgrund des hohen Kontrollbedürfnisses mit dem Gefühl des Ausgeliefertseins einher. Er versucht dann, die Kontrolle über den Markt mit aller Macht zurückzuerhalten, indem er sich im Austausch mit anderen vergewissert, dass ihm keine falschen Schlüsse unterlaufen sind. Wenn er dann davon ausgehen kann, wieder Herr über das Geschehen geworden zu sein, wird er die Verluste aussitzen. Zusammenfassend kann man sagen, dass dieser Anlagetyp durch das ausgeprägte Kontrollbedürfnis zurückhaltend agiert. Deswegen verpasst er lukrative Investments. Zudem hängt er sehr an seinen Entscheidungen. Das zeigt sich besonders darin, dass er sich nur nach Informationen umschaut, die seine Einschätzung bestätigen. Alle anderen blendet er aus.

7.1.4. Zusammenfassung

Vielleicht haben Sie sich beim Durchlesen der Typenbeschreibungen bei einer mehr wiedergefunden als bei einer anderen. Vielleicht sind Sie auch eher ein Mischtyp, wobei einer der beiden Typen vielleicht ein bisschen stärker ausgeprägt ist. Um die Einschätzung für Sie etwas leichter zu machen, finden Sie in der nachfolgenden Tabelle eine Übersicht über die drei verschiedenen Typen von Anlegern.

Tabelle 6: Übersicht über die drei verschiedenen Typen von Anlegern

	Intuitiver Typ	Emotionaler Typ	Rationaler Typ
Typischer Personenkreis	Händler, kurzfristige Anleger	Vermögensverwalter, mittelfristige Anleger, Fondsmanager	Analyst, langfristiger Anleger
Bevorzugter Zeithorizont	Kurzfristig	Mittelfristig	Langfristig
Hauptmotiv	Schnelle Ergebnisse, Erhaltung des Erreichten	Dissonanzfreiheit	Kontrolle
Besondere Anfälligkeit für	Heuristiken, Orientierung an Einstandspreisen, Kontrollillusion	Selektive Wahrnehmung, Festhalten an Entscheidungen	Angstvermeidung, Selektive Wahrnehmung

Egal, zu welchem Typ Sie sich auch zählen mögen, um an der Börse erfolgreich zu handeln, benötigen Sie Werkzeuge, um nicht in die psychologischen Fallen zu tappen. Diese werde ich Ihnen in den folgenden Abschnitt näher bringen. Wie anfällig Anleger für solche psychologischen Fallstricke sind, zeigen die großen Spekulationsblasen wie die »South Sea Bubble« im Jahre 1711. Damals kauften die Investoren Aktien von Gesellschaften, deren Zielsetzung es war, etwas Großartiges zu schaffen. Dabei wusste niemand, was die Unternehmen eigentlich produzierten. Offenbar haben die Marktteilnehmer aus dieser Erfahrung nicht gelernt. Denn einige Jahrhunderte später kam es wieder zu einer ähnlichen Spekulationsblase, der »Neuer-Markt-Bubble« von 1997-2000. Auch dort kauften die Anleger blind Aktien, ohne zu wissen, was die zugehörigen Unternehmen produzierten. Um die nächste Blase zu vermeiden, sollten Sie sich die nun folgenden Tipps zu Herzen nehmen.

7.2. Mit Erfolg an der Börse handeln

In den vorhergehenden Kapiteln wurde eingehend erläutert, warum Anleger, nicht immer vernünftig entscheiden können. Dabei wurde aufgezeigt, wie die Verwendung von Heuristiken bei komplexen Entscheidungssituationen helfen kann – wobei deren Einsatz aber nicht unbedingt immer zur optimalsten Lösung führt. Dafür sorgen Probleme bei der Wahrnehmung, Verarbeitung und Beurteilung von Informationen. Denn der Anleger wird bei seinen Wahrnehmungen und Urteilsfindungen systematisch von den Motiven der Dissonanzverringerung und des Kontrollbedürfnisses beeinflusst.

Damit sie sich als Anleger in schwierigen Situationen besser helfen und ihr Gewinnpotenzial noch besser ausschöpfen können, finden sich an dieser Stelle einige Tipps zur Vermeidung des irrationalen Vorgehens. Diese Tipps sollen nicht als Belehrung, sondern vielmehr als Hilfestellung verstanden werden.

7.2.1. Tipps für ein erfolgreiches Handeln an der Börse

Auf den ersten Blick erscheinen die Anlagemotive der Anleger vielfältig, in Wirklichkeit sind sie es aber nicht. Eigentlich haben alle Anleger den Wunsch, durch ihre Transaktionen hohe Renditen zu erzielen. Denken Sie dabei aber immer: »*Ein Wunsch ist ein Wille, der sich selbst nicht ganz ernst nimmt.*« Betrachten sie das Geschehen an den Börsen mit etwas Abstand und Ruhe. Verhalten Sie sich nicht so, wie viele Menschen zu Zeiten der Neuen-Markt-Hausse 2000: Als der Nachbar plötzlich und unerwartet mit einem ausgesprochen teuren Auto vorfuhr, war die Neugierde groß, herauszufinden, wie er zu diesem Wagen gekommen ist.

Schließlich war das eigene Einkommen kaum geringer als seines. Auch ein Lottogewinn oder eine Erbschaft schieden nach kurzem Nachfragen aus. Stattdessen hatte der Nachbar mit Aktien am Neuen Markt ca. 50.000 Euro verdient. Wer würde in einer solchen Situation nicht neidisch werden und im Geheimen denken: »*Was der kann, kann ich schon lange*«? Das hat damals sehr viele Menschen an die Börse und dann meistens nicht zu großen Gewinnen sondern zu großen Verlusten gebracht.

Tipp:

Überprüfen Sie immer Ihr Handlungsmotiv. Orientieren Sie sich dabei nicht an Bekannten oder Freunden. Schließlich hören sie nur von deren Erfolgen aber nicht von deren Misserfolgen. Bedenken sie immer, es ist Ihr Geld, und niemand außer Ihnen selbst sollte bestimmen, wie es eingesetzt wird.

Wenn Sie entschieden haben, sich in einen Markt zu engagieren, bekennen sie sich zu einem Standpunkt, einer Meinung oder einer Prognose. Bis zum Verkauf des Investments kann allerdings (oftmals unvorhersehbar) viel Zeit vergehen. Und genau das bereitet den meisten Anlegern Schwierigkeiten. Deswegen neigen sie bei positivem Verlauf eines Engagements dazu, diesen Zustand durch Glattstellung alsbald zu beenden. Verläuft dagegen die Gewinnentwicklung im Zeitverlauf langsamer als vom Anleger erwartet, wird er immer wieder von der unterschwelligen Befürchtung beeinflusst, dass der relativ langsam entstandene Ertrag mit einem Schlag vernichtet werden könnte.

Entstehen hohe Gewinne in kurzer Zeit, glauben viele Anleger, dass eine derartige Kursentwicklung so selten ist, dass sie in dieser Art so schnell nicht mehr vorkommen wird. Die Rückschlaggefahr wird also so hoch eingeschätzt, dass die Position glattstellt wird. Zeit bedeutet also bei positiver Entwicklung eines Engagements immer die Gefahr, bereits Gewonnenes wieder zu verlieren.

Demgegenüber gestehen sich Anleger bei verlustreichen Engagements nicht ein, eine Niederlage erlitten zu haben. Sie haben weiterhin die Hoffnung, dass die Zeit alles zum Besseren wenden kann. Das ist vor allem bei langsam entstehenden Verlusten der Fall, denn dann glaubt der Anleger, durch eine schnelle Gegenbewegung immer noch in die Gewinnzone zu kommen. Erfolgt die negative Kursentwicklung hingegen überproportional schnell, so glaubt der Anleger kaum an eine Wiederholung einer derartigen Bewegung innerhalb kurzer Zeit. Deswegen ist er dann meist nicht gewillt im Verlust zu verkaufen, da die Gefahr den Markt womöglich zum schlechtesten Kurs verlassen zu müssen, unverhältnismäßig hoch erscheint.

Tipp:

Lassen Sie sich bei Ihren offenen Investments nicht durch den Faktor Zeit beirren. Dies gilt auch, wenn sich Gewinne nur schleppend einstellen – das ist kein

Anzeichen für bevorstehende Verluste. Entsprechend sind langsam entstehende Verluste kein Anzeichen für baldige Gewinne.

Vor wichtigen Entscheidungen an den Börsen sind Analysen und Prognosen gefragt. Sie helfen in der Regel, Zeit zu sparen. Analysen sind bearbeitete und verdichtete Informationen, die zu einem Resultat zusammengefasst sind. Der starke Drang nach Information und Analysen geht auf das menschliche Bedürfnis nach Kontrolle zurück. Denn: Je besser sich der Anleger informiert glaubt, desto mehr ist er davon überzeugt, die Situation unter Kontrolle zu haben. Aber nicht nur externe Daten zum Marktgeschehen und Berichte über politische Ereignisse sondern auch interne Informationen, wie etwa der eigene Kontostand, spielen dabei eine große Rolle.

Befindet sich beispielsweise eine Kapitalanlage im Gewinnbereich, vermittelt dies dem Anleger nicht nur ein Gefühl von Freude sondern auch Genugtuung darüber, die richtige Entscheidung getroffen zu haben. Aus diesem Gefühl entsteht die Erkenntnis, alles unter Kontrolle zu haben. Wenn der Anleger einige Male hintereinander erfolgreiche Investments getätigt hat, kann er euphorisch werden. Diese Euphorie kann dazu führen, relevante Fakten und Daten überhaupt nicht mehr zur Kenntnis zu nehmen.

Tipp:

> Werden Sie nicht nachlässig beim Umgang mit Informationen und Analysen, selbst wenn Sie glauben, alles »im Griff« zu haben. Verhalten Sie sich dabei so, als ob Sie das Investment noch gar nicht eingegangen wären, sondern erst kurz vor der Anlageentscheidung stünden.

Anders verhält es sich auf der Verlustseite. Dort entsteht automatisch ein erhöhtes Kontrollbedürfnis. Ein Anleger in einer solchen Situation sucht verstärkt nach Informationen, die seine ursprüngliche Entscheidung, mindestens aber die augenblickliche Lage rechtfertigen. Hierdurch lässt sich die zumindest zeitweise verlorene Kontrolle wieder zurückgewinnen.

Tipp:

> Versuchen Sie, Nachlässigkeiten im Umgang mit Informationen und Analysen zu vermeiden. Dabei ist es besonders wichtig, auch Informationen zu suchen, die ein eingegangenes oder geplantes Investment in Frage stellen, um sich das

Risiko der Investition bewusst zu machen und es gegebenenfalls rechtzeitig zu beenden bzw. gar nicht erst einzugehen.

Informationen und deren Verarbeitung stellen den wichtigsten und gleichzeitig einflussreichsten Komplex im täglichen Handel an den Finanzmärkten dar. Anlegern unterlaufen aber sowohl bei der Wahrnehmung von Informationen als auch bei deren Verarbeitung Fehler.

Denn der Anleger muss aufgrund der Informationsvielfalt eine Auswahl der für ihn wichtigen Nachrichten treffen. Die dabei zur Verfügung stehenden Informationen werden vom Anleger entweder akustisch oder optisch aufgenommen. So hat eine laut und marktschreierisch vertretene Nachricht ein größeres Gewicht als eine leise und undeutlich vermittelte Information. Deshalb können wichtige Nachrichten im allgemeinen Chaos untergehen, wenn sie sich nicht genügend abheben.

Tipp:

Vermeiden Sie ein zu Viel an Information. Konzentrieren Sie sich nur auf die wirklich relevanten Informationen und analysieren Sie diese dafür umso genauer.

Aber auch die Komplexität vieler Nachrichten wirkt abschreckend auf viele Anleger und verhindert so mitunter sogar deren Wahrnehmung. Die Unfähigkeit, komplexe Informationen vollständig aufzunehmen, birgt die Gefahr der Verkürzung und Verzerrung von Botschaften und das führt fast zwangsläufig zu Fehlentscheidungen. Anleger tendieren deshalb dazu, die wahrgenommene Komplexität von Entscheidungssituationen zu verringern, indem sie bestimmte Heuristiken verwenden. Hierbei spielt die Verfügbarkeitsheuristik eine wichtige Rolle, d.h also, dass leicht verfügbare Informationen stärker als schwer zugängliche wahrgenommen werden.

Tipp:

Denken Sie daran, dass eine Nachricht, eine Empfehlung oder ein Anlagetipp eines Börsenmagazins, das Ihnen leicht zugänglich ist, auch den anderen Akteuren an den Finanzmärkten bekannt ist. Deswegen sind sie meistens schon in den Aktienkursen enthalten.

Aber auch das Erinnerungsvermögen hat einen Effekt auf die Verfügbarkeit von Informationen. Hierbei gilt: Je lebendiger und farbiger eine Information wahrgenommen wird, desto leichter ist sie wieder verfügbar. Außerdem wird auch die Beurteilung der aktuellen Lage durch persönliche Eindrücke geprägt. Die Beurteilung von Wahrscheinlichkeiten künftiger Ereignisse beruht oftmals auf subjektiven und vorurteilsbehafteten Erinnerungen bzw. Erfahrungen.

Tipp:

> Wir lernen von Kindesbeinen an »*Recht zu haben ist immer besser, als unrecht zu haben*«. Deshalb halten wir zu lange an unseren falschen Meinungen fest, auch wenn die Börse längst erwiesen hat, dass wir uns irren. Dagegen handeln erfolgreiche Investoren nach dem Motto: »*Was kümmert mich mein Geschwätz von gestern.*« Darum seien Sie offen für neue Investments.

Aber auch die Medien tragen zu einem nicht unerheblichen Maß zur Vertiefung dieser persönlichen Eindrücke und Erfahrungen bei. So wählen sie die Marktinformationen, Analysen und Kommentare aus, von denen sie glauben, dass diese der gegenwärtigen Stimmung des Publikums am ehesten entsprechen. Deshalb überwiegen in einer Hausse die positiven Nachrichten. Durch gezielte Lenkung der Aufmerksamkeit kann die Einschätzung, mit welcher Wahrscheinlichkeit ein bestimmtes Ereignis eintritt, beeinflusst werden. Typische Beispiele dafür waren die Neuemissionen von Aktien am Neuen Markt im Jahr 2000, deren Kurse gleich am ersten Börsentag den Ausgabepreis um mehr als 50 % übertrafen. Wenn dann die abendliche Nachrichtensendung über diese außergewöhnlich hohen Gewinne berichtete, wird sich manch einer gesagt haben: »*Beim nächsten Mal bin auch ich dabei, wenn man so leicht an der Börse Geld verdienen kann.*«

Tipp:

> Reagieren Sie nicht auf jede Neuigkeit, sondern behalten Sie das große Ganze im Auge. Denken Sie dabei immer an den Spruch von Karl May: »*Erzähle nicht die Wahrheit, solange dir etwas Interessantes einfällt.*« Nach dieser Maxime handeln viele Marktteilnehmer an den Finanzmärkten. Sie versuchen mit gezielten Gerüchten oder so genannten Insiderinformationen eine Aktie in eine bestimmte Richtung zu treiben.

Die Verfügbarkeitsheuristiken spielen auch eine große Rolle, wenn es um die Einschätzung zukünftiger Risiken geht. So wird die Gefahr nach einem hektischen Handelstag mit heftigen Kursbewegungen im Allgemeinen überschätzt, während die Risiken bei ruhigen Märkten regelmäßig unterschätzt werden. Von einem Aktienmarkt, der sich monatelang kaum bewegt hat, erwartet man somit auch nicht, dass er plötzlich explodiert. Passiert das dann allerdings doch, werden bereits geringe Kursausschläge überbewertet.

Die Auswirkungen der Verfügbarkeitsheuristiken offenbaren sich in vielen Bereichen der Urteilsbildung. So haben die Anleger meist eine überzogene Vorstellung von der Zahl derer, die ihre Meinung zu einem Thema teilen. Dieser Trugschluss lässt sich vor allem damit begründen, dass persönliche Überzeugungen (typischerweise Marktweisheiten) besonders leicht aus dem Gedächtnis abgerufen werden können. Aus diesem Grund werden diese Einstellungen für leicht nachvollziehbar und somit für weit verbreitet gehalten.

Wenn der Investor zwei oder drei gleichgesinnte Anleger trifft, geht er sofort von einer deutlichen Mehrheit dieser Anleger aus und so verstärkt sich das Gefühl der Kontrolle. Begegnet man dagegen einem Anleger mit einer anderen Einstellung, wird dessen Argumentation häufig ignoriert. Dies gilt besonders, wenn der Inhalt von Informationen zwei- oder mehrdeutig ist. Deshalb kann ein und dieselbe Nachricht von unterschiedlichen Anlegern ganz unterschiedlich interpretiert werden. So sieht ein Optimist die jüngsten Wirtschaftsdaten in einem ganz anderen Licht als ein Pessimist.

Tipp:

> Lassen Sie sich nicht täuschen. Marktteilnehmer, die Ihre Analysen teilen, haben häufig die gleiche Position wie Sie selbst und befinden sich daher in einer ähnlichen Stimmung. Nicht umsonst sagte schon der Börsenphilosoph André Kostolany: »*Nichts ist wichtiger und nützlicher im Leben und an der Börse, als den anderen zum Nachdenken zu veranlassen. Ich weiß, dass die Versuchung groß ist, eher der Meinung von Maklern, Bankern, von Gurus und Medien zu folgen, als sich selbst den Kopf zu zerbrechen. Aber probieren Sie einmal das souveräne Denken und Sie werden daran ein wahrhaftes Vergnügen haben.*«

Ein weiteres Problem entsteht dadurch, dass sich die Anleger zu wenig Zeit nehmen, die Informationen gründlich zu verarbeiten. Von vielen Anlegern wird die Verankerungs- und Anpassungsheuristik (Anchoring) benutzt, wenn sie bestimmte Informationen nicht sofort einordnen bzw. bewerten können. Dass bedeutet, dass sie sich bei der Verarbeitung von Informationen an einen Ursprungs- oder Richtwert (Anker) orientieren. Diese Anker müssen aber nicht aus numerischen Werten bestehen, es können auch Meinungen oder Einstellungen (z. B. von Freunden oder Experten) sein.

Tipp:

> Verlassen Sie sich auf keinen Fall nur auf einen einzigen Ankerwert. Bedenken Sie immer, dass manche Ankerwerte von anderen bewusst gesetzt werden, um eine bestimmte Meinung zu erzeugen. Setzen Sie deswegen optimistischen Prognosen pessimistische Meinungen entgegen und umgekehrt. Rechnen Sie immer mit dem Unerwarteten.

Weitere Gefahren lauern bei der Einschätzung von Eintrittswahrscheinlichkeiten für ein bestimmtes Ereignis (Repräsentativitätsheuristik). Hierbei gilt: Je größer die Informationsmenge über bestimmte Sachverhalte ist, desto stärker wächst das Vertrauen in die eigene Urteilskraft, selbst wenn die Informationen veraltet und somit irrelevant sind. Insbesondere dann, wenn Informationen in einer starken Wechselbeziehung zueinander stehen und zueinander passen, wird häufig die eigene Urteilskraft überschätzt und Wahrscheinlichkeiten werden falsch eingeschätzt.

Gerade bei der Prognose von Aktienkursen lesen manche Anleger die Analysen mehrerer Banken, gerade, weil das mithilfe des Internets leicht möglich ist. Sind sich dann zwei oder drei dieser Analysen im Resultat und auch argumentativ ähnlich, werden die übrigen Darstellungen meist vernachlässigt – und zwar obwohl der Verdacht nahe liegt, dass die ähnlich erscheinenden Analysen auf dem gleichen Datenmaterial beruhen oder die Autoren ihre Meinungen einander angeglichen haben.

Tipp:

> Gleich lautende Analysen aus mehreren Quellen erhöhen zwar das Gefühl der Prognosegüte, aber gehen Sie davon aus, dass häufig ein Meinungsabgleich stattgefunden hat. Letztendlich ist eine Aktie, die zehnmal empfohlen wurde, nicht notwendigerweise auch zehn Mal so gut wie eine andere Aktie, die nur einmal empfohlen wurde.

Die zweite Variante der Überschätzung von Wahrscheinlichkeiten ist die »Gambler's fallacy.« Eine Aktie, die beispielsweise fünf Tage in Folge immer zum Schlusskurs gestiegen ist, wird nicht gerne gekauft, da der Anleger davon ausgeht, dass gestiegene Aktien auch wieder fallen müssen. Da die Kursentwicklung für sich genommen rein zufällig ist, ist es aber nicht zwingend, dass nach fünf positiven Tagen der Sechste negativ verläuft.

Tipp:

> Eine Aktie, deren Kurs gestiegen ist, kann noch weiter steigen, eine Aktie, deren Kurs gefallen ist, kann auch noch weiter fallen. Besteht etwa ein Trend, so liegt keine »ausgleichende Gerechtigkeit« vor, die dazu führt, dass ein Gewinnerpapier alsbald an Wert verliert oder ein Verlustpapier wieder an Wert gewinnt. Also: Was steigt, kann noch weiter steigen und was billig ist, kann morgen noch billiger werden.

Eine weitere Facette der Repräsentativitätsheuristik stellen Trends und Moden dar. So werden Kleidungsgegenstände zur Mode, weil sie von berühmten Leuten getragen werden. Vor allem, wenn solche Trends auch noch profitabel zu sein scheinen, gewinnen sie schnell eine große Zahl von Anhängern. Denken Sie an die Goldgräberstimmung am Neuen Markt von 1997 bis 2000.

Auch ein Experte, der bei der Mehrheit der Anleger als erfolgreich gilt, kann eine Mode begründen. Wenn dieser Fachmann ausschließlich ein bestimmtes Prognoseverfahren verwendet, wird diese Methode, selbst wenn sie umstritten ist, von vielen Anlegern kopiert. Für sie zählt einzig und allein der aktuelle Erfolg des Experten, und deswegen müssen auch dessen Werkzeuge gut sein. Denn Vorhersagen vermitteln das Gefühl, den Markt kontrollieren zu können. Und je logischer sie sind, desto wahrscheinlicher sieht es aus, dass sie sich bewahrheiten werden.

Tipp:

> Vertrauen Sie niemals einem einzigen Fachmann, auch wenn dieser als »Guru« verehrt wird. Denken Sie daran: »*Die meisten Leute verdienen an der Börse kein Geld, weil sie auf Gurus hören! Meistens empfehlen die Börsengurus nämlich genau die Aktien, die sie selbst zu einem günstigen Kurs loswerden wollen.*«

Sein oder nicht sein? Hamlets Schicksalsfrage gilt auch für viele Anleger. Denn nach der Informationsaufnahme und -verarbeitung mit all ihren Fehlern folgt die Entscheidung zum Kauf oder Verkauf einer Kapitalanlage.

Tipp:

> Sie sollten sich vor jeder getätigten Anlage ein Kursziel und eine Verlustbegrenzungsmarke, einen so genannten Stop-Loss-Kurs, setzen. Die Verlustbegrenzungsmarke stellt ein Verlustlimit dar, das auf keinen Fall unterschritten werden sollte. Setzen Sie die Verlustbegrenzungsmarke aber nicht zu eng unter dem Kaufkurs, damit das Wertpapier nicht bei der kleinsten Schwankung aus dem Portfolio fällt. Der angestrebte Gewinn sollte nach einer in der Praxis häufig durchgeführten Regel in etwa drei Mal so hoch sein wie der Betrag, den man als Verlust bereit ist, zu riskieren. Bei einem Einstandspreis von 100 Euro und einem angestrebten Gewinn von 90 Euro (Kursziel 190) ergibt sich also ein Verlustrisiko-Betrag von 30 Euro (Stopp-Loss-Kurs bei 70 Euro).

Häufig beobachtet man auch, dass Anleger nach einer Serie von Verlusten Ihre Positionsgrößen und Handelsvolumina verringern. Erfahrungsgemäß führt das dazu, dass Anleger ihren Negativsaldo erst nach langer Zeit wieder ausgleichen können. Genau das Gegenteil tritt nach einer Serie von Erfolgen auf. Dann nehmen regelmäßig die Positionsgrößen und das Handelsvolumina deutlich zu, weil die Anleger aus einem Gefühl der Selbstsicherheit handeln.

Tipp:

> Halten Sie die Handelsvolumina möglichst konstant. Wählen Sie von Anfang an eine Positionsgröße, mit der Sie auch längere Durststrecken aushalten können, ohne dabei in eine Stresssituation zu geraten.

Zudem ist es wichtig, sich in einer Verlustsituation nicht an das Prinzip Hoffnung zu klammern und auf eine Realisierung von Verlusten zu verzichten. Die Mittel werden in der Zwischenzeit für möglicherweise ertragreichere Anlagen blockiert. So sagte schon der Börsenexperte Wieland Staud: »*Die meisten Leute verdienen an der Börse kein Geld, weil sie dem Gefühl den Vortritt vor dem Verstand lassen!*«

Tipp:

Verschwenden Sie keine Zeit mit Verlustpositionen und verkaufen sie ohne Zögern, wenn die Verlustbegrenzungsmarke (Stopp-Loss-Kurs) erreicht ist.

Obendrein sollten sich Anleger auf die eingegangenen Wertpapieranlagen konzentrieren. Man sollte keine Zeit damit verschwenden, verworfenen Engagements oder verpassten Chancen nachzuweinen. Solche Phrasen, wie »*Hätte ich ...!*«, »*Könnte ich ...!*« etc. stellen für Anleger in der aktuellen Anlagesituation keine Entscheidungsstütze dar.

Außerdem sollte man unerwartete oder besonders hohe Profite nicht als außerordentliche Gewinne betrachten, mit denen man in der Folgezeit leichtsinnig umgehen kann. Nicht umsonst sagt schon der Volksmund: »*Gebruder Leichtsinn ist ein schlechter Ratgeber.*« Denken Sie daran: Es gibt auch zufällig entstandene Verluste, derer man sich dann nicht so leicht entledigen kann.

Mit diesen Ratschlägen versucht die Behavioral Finance den Anlegern einen Weg zu einem besseren Anlageverhalten aufzuzeigen. Neben der Selbstbindung durch solche Werkzeuge wie Kursziele oder Verlustbegrenzungsmarken fordert die Behavioral Finance jedoch auch einige Disziplin von den Anlegern. Darum werden die Antworten der Behavioral Finance bisweilen als bittere Medizin empfunden. Wer verhält sich schon gerne diszipliniert, schließlich geht dadurch ja viel Spaß verloren. Aber das Geheimrezept für Gewinne an der Börse, lautet nicht »Prognose« sondern »Disziplin«. Denn genauso wie im richtigen Leben gilt an der Börse: Das Einzige, was man wirklich steuern kann, ist das eigene Verhalten.

Halten Sie sich immer an die von drei Grundsätze der Weisheit griechischer Philosophen: »*Sei du selbst, wähle immer die Mitte, erkenne Dich.*« Damit ist gemeint: Wähle eine Finanzstrategie, die zu dir passt, und befolge sie auch. Um eine Finanzstrategie erfolgreich in die Praxis umzusetzen, ist es unerlässlich, sich einer Handelsdisziplin zu unterwerfen. Ohne sie ist jede Analysemethode – selbst wenn sie verhaltensorientiert ist – zum Scheitern verurteilt.

Kopieren Sie keine Tipps, die Sie irgendwo aufgeschnappt haben. Vermeiden Sie extreme Formen der Geldanlage, seien Sie weder zu konservativ noch zu spekulativ. Schließlich sehen weder der Optimist noch der Pessimist die Realität richtig. Schlagen Sie immer einen Mittelweg ein. Analysieren Sie ihre eigene finanzielle Situation.

Stellen Sie sich dazu solche Fragen wie: Gegen welche Eventualitäten des Lebens muss ich mich schützen? Welche größeren Anschaffungen plane ich? Was könnte mir passieren? Spielen sie niemals mit dem Feuer und spekulieren auf Kredit. Seien Sie aber auch kein Tiefstapler, wenn es um die Einschätzung ihrer persönlichen und finanziellen Situation geht. Schließlich kommt es einem Anleger teuer zu stehen, wenn er überstürzt eine Änderung des Finanzplanes vornehmen muss. Und schlussendlich ist es für einen Anleger wichtiger, flexibel bei überraschenden Änderungen der finanziellen Situation reagieren zu können, als aus einer Anlage das letzte Quäntchen Renditeerwartung herauszuziehen.

8. Literaturverzeichnis

Lit. 1 : Buchner, Robert: Die Planung von Gesamt-Kapitalanlagen (Portefeuilles) und der Effekt der Markowitz-Diversifikation. In: Wirtschaftswissenschaftliches Studium (WiSt), 7 (1981). S. 310-323.

Lit. 2 : Buffet, Warren: Die Essays von Warren Buffet. VNR Verlag für die Deutsche Wirtschaft. 2001.

Lit. 3 : Cathomen, Ivo: Börsenweisheiten zum Anlageerfolg. Eine Beilage der BILANZ im August 2002.

Lit. 4 : Coval, J. D. / Moskowitz, T. J. (1999): Home Bias at Home: Local Equity Preference in Domestic Portfolios. Journal of Finance 54. 2045-2073.

Lit. 5 : Dissanaike, G. (1998): Do Stockmarket »Losers« win more than »Winners« lose? Applied Economics Letters 5. S. 143-146.

Lit. 6 : Eller, Roland: Modernes Bondmanagement. Wiesbaden 1993.

Lit. 7 : W. Heri, Erwin: Die Acht Gebote der Geldanlage. Ein Handbuch für den Umgang mit Wertpapieren. Verlag Vahlen. München 2000.

Lit. 8 : Galbraith, John Kenneth: Die Herrschaft der Bankrotteure. Hoffmann und Campe. 1992.

Lit. 9 : Goldberg, Joachim und Nitzsch, Rüdiger v.: Behavioral Finance. Gewinne mit Kompetenz. Finanzbuchverlag. München, 2. Auflage 2000.

Lit. 10 : Götte, Rüdiger: Das 1 x 1 der fundamentalen Aktienanalyse. Ein Lehr- und Arbeitsbuch für Anfänger und Fortgeschrittene. ibidem-Verlag. Stuttgart 2004.

Lit. 11 : Götte, Rüdiger: Das 1 x 1 des Portfoliomanagementes. Ein Lehr- und Arbeitsbuch für Anfänger und Fortgeschrittene. ibidem-Verlag. Stuttgart 2005.

Lit. 12 : Götte, Rüdiger: Aktien, Anleihen, Futures, Optionen. Tectum Verlag. Marburg 2001.

Lit. 13 : Götte, Rüdiger: Aktienanleihen, Discount-Zertifikate, Fonds, Genussscheine. Tectum Verlag. Marburg 2001.

Lit. 14 : Götte, Rüdiger: Der Weg zum erfolgreichen Investment mit Optionsscheinen. Tectum Verlag. Marburg 2003.

Lit. 15 : Götte, Rüdiger: Optionsscheine – Das Kompendium. Tectum Verlag. Marburg 2001.

Lit. 16 : Graham, Benjamin: Intelligent Investieren. FinanzBuch Verlag. 2001.

Lit. 17 Hens, Torsten: Behavioral Finance. Die neue Sicht auf die Finanzmärkte. unter: http://www.iew.unizh.ch/grp/hens/papers/vonGraffenried.pdf

Lit. 18 : Holzer, CH. S.: Anlagestrategien in festverzinslichen Wertpapieren. Wiesbaden 1990.

Lit. 19 : Kiehling, Hartmut: Börsenphilosophien. Das Verhalten der Investoren im Anlageprozess. Verlag Vahlen. München 2000.

Lit. 20 : Kiehling, Hartmut: Börsenpsychologie und Behavioral Finance. Wahrnehmung und Verhalten am Aktienmarkt. Verlag Vahlen. München 2001.

Lit. 21 : Kostolany; André: Kostolanys Börsenweisheiten – 100 Tipps für Geldanleger. Econ Taschenbuch Verlag. 2. Auflage 2000.

Lit. 22 : Leven, Franz-Josef und Schlienkamp, Christoph: Erfolgreiches Depotmanagement. Wie Ihnen die moderne Portfoliotheorie hilft. Gabler. Wiesbaden 1998.

Lit. 23 : Odean, T.: Are Investors Reluctant to Realize Their Losses? Journal of Finance 53, 1998, S. 1775-1798.

Lit. 24 : Shefrin, H. und Statman, M.: The Disposition to Sell Winners Too Early and Ride Losers Too Long: Theory and Evidence, Journal of Finance 40, 1985, S. 777-792.

Lit. 25 : Spremann, Dr. Klaus: Portfoliomanagement. R.Oldenbourg Verlag. München/Wien, 2. Auflage 2003.

Lit. 26 : Soros, George: Der Globalisierungsreport. Alexander Fest Verlag. 2002.

9. Stichwortverzeichnis

W

***ibidem*-Verlag**
Melchiorstr. 15
D-70439 Stuttgart
info@ibidem-verlag.de
www.ibidem-verlag.de
www.edition-noema.de
www.autorenbetreuung.de

Zeitfracht Medien GmbH
Ferdinand-Jühlke-Straße 7
99095 Erfurt, Deutschland
produktsicherheit@kolibri360.de